ULTRA SELF

ULTRA SELF

울트라셀프

이리앨 지음

나를 뛰어넘어 스스로 마음의 감옥에서 탈출하는 법

다산북스

대부분의 사람은

동물적 본능에 굴복당해

비스트셀프 Beast-self 상태에 머물며

알고리즘에 갇혀 있는 삶을 산다.

반면 동물적 본능을 거부하며

삶을 주체적으로 이끌어

경제적, 시간적 자유를 누리는
다른 차원의 존재들이 있다.

자기 자신과 싸워

자기를 뛰어넘는 사람,

나는 이들을

울트라셀프Ultra-self라 부른다.

"대부분의 사람이 자기 능력을
다 써보지도 못하고 죽는다."

지식큐레이터로서 처음 유튜브를 시작했을 때의 기억이 생생하다.

나는 미국에서 공부하던 중 집안 형편이 어려워져 갑작스레 한국으로 돌아와야 했다. 머릿속에 있던 완벽한 인생의 시나리오를 내려놓아야 한다는 걸 알아차렸을 때, 나는 깊은 좌절에 빠졌다. 마치 대작의 주인공이었던 내게 영화감독이 갑자기 다른 배역을 맡기며 역할을 소화하라고 쏘아붙이는 것 같았다. 나는 그날, 세상의 기본

값은 불공평이라고 생각했다. 내게 이런 일이 일어났다는 사실을 쉽게 받아들이지 못했다.

시간이 지나자 이런 생각도 조금씩 옅어져 갔다. 산다는 건 나만 힘든 일이 아니었다. '세상은 원래 불공평하다'라는 말을 받아들이기 시작했고, 그때부터 내 인생이 변했다. 나는 성장하고 싶었고 좋은 정보를 공유함으로써 사람들에게 도움이 되고 싶었다. 그리고 그 중심에는 '책'이 있었다.

책을 읽고 또 읽으며 양질의 유튜브 콘텐츠를 만들었다. 그러나 정작 내가 경험한 인생의 변화가 다른 사람들에게 나타나는 것 같지는 않았다. 사람이 반복적으로 한 가지 일을 하다 보면, 일정한 경지에 오르고 삶도 더 나아질 것인데 나는 어디로 향하고 있는 건지 알 수 없었다. 그러던 어느 날, 지식을 통찰하고 검증하는 나의 주된 사고 능력이 비관론에 가깝다는 걸 자각하게 되었다.

산책 중이던 나는 잠시 멈춰서 곰곰이 생각했다.

"그렇다면 비관론의 끝판왕은 누구일까?"

"계속 이 능력을 사용하면 5년 후에 어떤 모습일까?"
"이미 그 길을 걷고 있는 사람은 어떤 모습일까?"

내가 찾은 사람은 현대의 지성인이자
철학가 겸 작가인 알랭 드 보통이었다.

다시 나에게 물었다.
"내가 닮고 싶은 사람이 정말로 이 사람인가?"

바로 그때, 내가 정말로 하고 싶은 것은 고차원적인 지식을 다루는 일이 아니라 사람들의 성장을 돕는 일임을 깨달았다. 나는 사람들이 자신의 잠재력을 발휘하지 못하고 시작도 하기 전에 지레 포기하는 것을 볼 때마다 마음이 좋지 않았다. 인간은 누구나 잠재력을 갖고 있으며 그것을 사용하는 사람과 그렇지 않은 사람의 차이가 엄청나기 때문이다. 이대로는 아무리 좋은 콘텐츠를 만들어봤자 변화를 이끌어내기는커녕 누군가의 열등감만 불러일으킬 게 뻔했다. 단순히 지식을 전달하는 일은 내게 허탈감만 안겨 주었다.

　지식과 지성의 한계를 느낀 나는 곧바로 알랭 드 보통
과 토니 로빈스를 연구하기 시작했다. 롤 모델이 있어야
내가 원하는 방향으로 더 확실히 나아갈 수 있기 때문이
다. 내가 원하는 삶을 위해 찾은 사람은 알랭 드 보통이
었지만, 깊은 성찰을 위해서는 그 반대의 사람도 필요했
다. 공교롭게도 알랭 드 보통이 가장 싫어하는 유형의 사
람이 토니 로빈스였다. 나는 두 사람의 인터뷰, 철학, 저
서뿐만 아니라 자산이 얼마인지도 꼼꼼하게 찾아보았다.
　유복한 환경에서 자란 후 철학을 통해 세상의 이치를
깨달은 알랭 드 보통의 자산은 약 240억 원이었다. 적은
돈은 아니지만 토니 로빈스에 견줄 수 없었다. 토니 로빈
스는 약 7600억 원의 자산가였기 때문이다. 돈으로 사람
의 가치를 논할 수 없으나, 오늘날의 사람들은 알랭 드
보통처럼 돈 걱정이 없는 상태에서 지식으로 더 나은 가
치를 추구하지 않았다. 그보다는 토니 로빈스처럼 더 나
은 삶으로 나아갈 열쇠를 자기 안에서 찾았다.

토니 로빈스는 홀어머니 밑에서 자랐는데, 어린 아들에게 마약 목적으로 사용할 약을 사 오라고 시킬 정도로 어머니의 상태는 정상이 아니었다. 이런 환경 속에서도 토니 로빈스는 누구든지 숨은 잠재력이 있다고 믿었다. 그가 겪었던 우울한 가정 환경은 많은 사람에게 도움과 위로가 되는 결과를 낳았다.

반면에 알랭 드 보통은 투자자로 성공한 아버지가 있었고 유복한 가정에서 자랐다. 알랭 드 보통의 유복한 가정 환경은 철학 분야에서 지적인 완성을 이루는 데 도움이 되었지만, 아이러니하게도 '매일 최고를 꿈꾸라'는 토니 로빈스의 말을 부정하는 비관론에 그쳤다.

연구를 거듭하며 내가 확실히 알게 된 사실은, 인간의 잠재력을 끌어내는 일이란 비판적 사고나 비관론적인 사고 방법보다 더 상위의 개념이며 광범위하다는 것이었다.

그 뒤로 나는 유튜브 채널 취지에 맞게 모든 사람에게 적용될 수 있는 '성공 방법'을 더 깊이 연구했다. 그 결과

'울트라셀프ULTRA-SELF'가 세상 밖으로 나오게 되었다.

나는 성공한 사람들이 '종교'처럼 여기는 그들만의 성공 철학이 인간의 잠재력을 이끌어내는 비밀과 연관되어 있다는 점에 집중했다.

"대부분의 사람이 자기 능력을 다 써보지도 못하고 죽는다"라는 아인슈타인의 말은, 바꿔 말해 인간이기만 하면 누구나 자기 잠재력을 꺼내어 쓸 수 있다는 뜻이다. 세계적인 석학들의 글, 책, 인터뷰를 통해 나는 묻고 또 물었다. 도대체 어떻게 하면 사람들이 감옥 같은 인생에서 자신을 해방시켜 지금보다 더 나은 삶을 살 수 있을지를.

그 모든 점을 하나로 연결할
인생 성공의 상수를 개발했고,
그것이 바로 울트라셀프다.

이리앨

울트라셀프 독서법

어느 마을에 한자 천재라고 소문난 사람이 있었다. 천자문뿐만 아니라 한자를 오래 공부한 사람도 잘 모르는 글자를 다 알고 있을 정도였다. 모두의 부러움을 샀지만 그 사람은 자신이 공부한 한자를 평생 사용할 일이 없었다.

옆 마을에는 우수한 두뇌를 가진 사람이 있었다. 자신의 머릿속에는 10만 개의 영단어가 저장되어 있다고 말했다. 어려운 단어를 물어보면 그 뜻을 척척 대답해 냈다. 하지만 그는 그 단어들을 일상에서 사용할 일도 말할 일도 없었다.

요즘 사람들은 지식을 소유하려고만 한다. 각종 저장 장치, 클라우드 등의 기술 발달로 지식을 전자 데이터화해서 저장하는 것이 익숙하기 때문에 그렇다. 그러나 저장만 해놓고 사용하지 않는 지식은 죽은 지식이나 마찬가지다. 이를 알고 있으면서도 지식을 죽음으로 내모는 일이 허다하다. 죽은 세포가 암 덩어리가 되는 것처럼 죽은 지식은 삶에서 제거해야 할 대상이다.

어떤 지식을 섭렵하거나 책을 읽기 전에 당신이 먼저 해야 할 일이 있다. 바로 지식을 적재적소에 활용할 지혜를 당신 안에 갖추는 일이다. 영어에서는 더러 지혜를 의인화해서 '그녀'라고 표현한다. 이것을 우리식으로 해석하면, '그녀'는 우리가 사랑해야 할 대상이 된다. 그러므로 지혜를 사랑하라. 그녀가 당신을 떠나지 않도록 하라.

지혜는 당신에게 내재되어 있는 잠재력을 깨워줄 것이며, 작은 씨앗 같은 지식 하나만으로도 당신의 삶은 더 풍성해질 수 있다. 아무리 재산이 많다고 한들 내일 당신의 삶이 마감된다면 어떻겠는가? 굳이 설명하지 않아도 당신은 이 문제를 진지하게 받아들일 것이다.

나는 세계적인 석학이나 대가, 사업가, 작가들을 직접 인터뷰하는 지식큐레이터다. 내가 인터뷰한 사람 중 물질적으로 가장 성공한 사람은 부동산 1만 2000채를 비롯해 다양한 사업체를 가진 10조 자산가 그랜트 카돈이다.

그는 돈을 적당히 벌면 안 되고 충분히 많이 벌어야 하는 이유에 대해 이야기했다. 첫째는 세금으로 지불해야 할 돈이 많다는 것과 둘째는 만약에 생길 법적 소송이나 타인의 공격에 방어할 힘을 갖기 위해서 돈을 벌어야 한다고 강조했다. 하지만 그의 입에서 '지혜를 얻으라'는 말은 듣지 못했다.

지혜 하면 떠오르는 대명사 솔로몬은
다음과 같이 말했다.

"돈이 당신을 보호해 주는 것과 같이

지혜는 당신을 보호해 줄 것이다.
지혜는 지혜를 가진 사람의
생명을 지켜준다."

그렇다면 지혜는 어떻게 얻을 수 있을까? 단언컨대 오직 독서뿐이다. 좀 더 구체적으로 말하면, 진짜 내가 누구인지, 내 능력과 그릇은 어디까지인지를 찾아 떠나는 독서 여행이다.

강연할 때 종종 이런 말을 듣곤 했다. "그 말을 들으니 제가 아는 누군가가 생각나네요.", "제가 아는 김 아무개 씨가 꼭 들었으면 좋겠어요."

이렇게 말하는 사람들은 어떤 지식이나 말을 들었을 때 누구에게 필요한 이야기인지를 아는 것이다. 노자는 이런 사람들을 가리켜 똑똑하다고 말했다. 하지만 똑똑하다는 것과 지혜로운 것은 다르다. 지혜는 내가 나를 알고 이해할 때 생긴다.

내가 가장 많이 듣는 질문 중 하나가 책 추천이다. 특히 성공적인 삶을 위한 '한 권의 책'에 대한 질문을 많이 받는다. 그런데 그런 책은 없다. '다 필요 없고 이 책 한 권만 읽으면 되는 거지?'라는 생각은 지혜를 얻지 않겠다는 말과 같다.

한 권의 책은 또 다른 책으로 가는 다리를 놓아준다. 이 책을 사이에 둔 당신과 나도 그러하다. 모든 것이 유기적으로 연결된 세상에서 우리 또한 서로 연결되어 있다. 이 책이 세상의 모든 책과 지식의 다리를 연결할 그 '한 권의 책'이 되기를 바라는 마음으로 당신에게 해주고 싶은 말이 있다.

"세상에서 가장 위대한 것은
자기 자신에게 속할 줄 아는 것이다."

이 책의 첫 장을 연 당신은, 인생에서 가장 위대한 모험을 떠나게 될 것이다. 울트라셀프를 통해 당신이 써 내려갈 인생의 새 챕터와 그로 인해 맞이하게 될 새 결과물은 당신 자신을 '다시 보게' 되는 전환점이 될 것이다.

울트라셀프는 당신이 더 행복해지고, 더 유능해지고, 더 편안해지도록 고안된 개념이기 때문이다. 그런 의미에서 울트라셀프 독서법을 익힌다면 더 풍요로운 독서가 될 수 있을 것이다.

첫째, 마음을 열고 읽어야 한다.

꽃은 꽃이 가진 색과 형태로 아름답다. 하지만 사람이 볼 수 있는 꽃의 색과 벌이 감지할 수 있는 색이 서로 다르다는 사실을 알고 있는가? 인간의 오감과 이성으로 우주와 세상을 이해하는 데는 한계가 있다는 말이다. 눈으로 보는 세상이 전부가 아니라는 사실을 인정하면 **빠른 변화**를 기대할 수 있다.

둘째, 처음부터 읽어야 한다.

처음부터 천천히 책을 읽어라. 글자 하나하나를 곱씹고 곱씹으면서 '자기화'하라. 책을 막 접한 당신은 울트라셀프 OFF 상태다. 이 책은 울트라셀프 OFF 상태에서 인지하고 이해할 수 있도록 썼다. 중간에 울트라셀프

ON 상태에 대한 내용을 읽게 된다면 즉시 멈춰라. 모든 일에는 순서가 있다는 사실을 잊지 말라.

셋째, '울트라셀프 ON'은 반복해서 읽어라.

2부에 울트라셀프 ON에 대한 내용이 정리되어 있다. 책을 다 읽은 후에는 이 부분을 매일 읽고 삶에 적용하길 바란다. 울트라셀프 ON 모드에 대한 설명을 반복해서 읽으면 당신만의 해답을 찾게 될 것이다. 특히 울트라셀프 ON 모드를 켠 두세 명의 사람들과 함께한다면 효과는 배가되리라 확신한다.

1부   울트라셀프 OFF

2부 울트라셀프 ON

ULTRA
SELF

울트라셀프 OFF

ULTRA SELF

왜 저 사람은 되고 나는 안 될까?

베네딕트 컴버배치 주연의 드라마 〈셜록〉에

자각의 중요성을 볼 수 있는 장면이 나온다.

셜록 홈스의 친구 존 왓슨이 자신의 여자 친구를 만나게 되는 장면인데, 여자 친구를 만나는 기쁨도 잠시, 그는 엄청난 충격에 휩싸이고 만다. 알고 보니 여자 친구가 이중 스파이였던 것이다. 비밀 임무를 수행하던 셜록에게 총을 쏜 장본인이 바로 그녀라는 사실을 알았을 때 왓슨은 크게 분노한다. 그토록 깊었던 사랑에 대한 배신

감과 친구를 위험에 빠뜨렸다는 슬픔으로 자기를 부정하기에 이르는데, 그때 셜록은 왓슨에게 뼈를 때리는 한 마디를 건넨다.

"그게 너야."

친구 편을 들어주며 같이 욕을 해줘도 모자랄 판에 셜록은 왜 찬물을 끼얹는 말을 했을까? 사실 셜록은 왓슨에게 가장 완벽한 말을 한 것이나 다름없었다. 전쟁 경험이 있는 왓슨은 위험한 것을 즐기는 성향의 사람이었다. 그래서 평범한 여성에게는 호감을 느끼지 못하는 점을 셜록이 콕 집어줬을 뿐이었다. 이는 왓슨의 자각을 돕는 말이었다.

현시대의 우리는 그 어느 때보다 왓슨 박사처럼 똑똑한 삶을 살고 있다. 원한다면 누구나 정보에 닿을 수 있으며 이를 기반으로 위험을 측정하고 행동을 교정할 수도 있다. 내적인 마음이나 성향 등을 자신보다 더 잘 이해하고 찾아주는 알고리즘이 있어 오감이 반응하는 콘텐츠를 끊임없이 소비할 수도 있다.

문제는 이렇듯 빠르게 범람하는 정보의 홍수 속에 있다 보면, 진짜 내가 누구인지 알기가 점점 더 어려워진다는 것이다. 손가락만 한번 움직이면 최소 1~2년 동안 삶의 지루한 시간을 채워줄 콘텐츠들이 줄을 선다. 이는 우리가, 내가 누구인지 알아가고 생각하는 과정을 최대한 유보하는 세상에 살고 있음을 의미한다.

이런 시대에서
인생을 성공으로 이끄는 핵심은
지식의 유무가 아니라 '자각'에 있다.

자각하는 사람은
'I know who I am.'
자신이 누구인지 답할 수 있는 사람이다.

이런 사람은 '어디서 들어본 이야기=나도 아는 이야

기'라는 인지 오류를 범하지 않는다. 자각을 통해 내 앞에 놓인 문제들을 주시하고 지식으로 문제를 해결하는 데 집중할 수 있다.

월가에서는 단 한 번의 잘못된 결정으로 수십억 원에서 수백억 원의 투자 손실이 난다. 애당초 잃을 자금이 없는 당신이 승자라는 말을 하고 싶은 게 아니다. 누구에게나 하루 24시간이라는 엄청난 투자금이 있다. 이 투자금을 가지고 더 많은 부를 창출할 기회를 만들지 못한다면 월가의 투자 손실과 크게 다를 바가 없다.

기억하라. 부자들은 오늘 당장 다시 0원으로 시작해도 부자가 될 수 있고, 부상으로 몸이 망가진 운동선수도 금방 회복해 다시 그라운드를 누빌 수 있다. 모든 것은 내가 어떤 생각을 하는지, 어떤 사람인지를 자각하는 것으로부터 시작된다.

경제 분야에 'GIGO Garbage In, Garbage Out'라는 말이 있다. 이는 쓰레기를 넣으면 쓰레기가 나온다는 뜻이다. 헬렌 켈러는 사람들이 생각하는 것을 좋아하지 않는 이유를 '생각하면 기분이 좋지 않은 결론이 나기 때문'이라고 말했다. 특정 행동과 선택을 하게 만드는 오래된 사고방식과 신념은 인생 전반에 걸쳐 구조화된다. 그리고 이것은 인생에 현실로 나타난다.

왜 누군가는 잘되는데 나는 안되는 걸까? 이 질문에 답할 실마리는 당신 안에 있다. 당신 안에 깃든 잠재력을 최대한 끌어올려 지금보다 더 나은 선택을 해야 한다. 이것이 더 나은 삶을 살 수 있는 힘이 된다는 사실을 알아야 한다. 이것을 자각이라고 한다. 거울 속에 비친 자기 모습을 넘어 현실 속 진짜 나의 현주소를 읽어야 한다.

지금 당신 머리에 불이 붙었다면 어떻게 할 것인가? 그렇다. 당장 불을 꺼야 한다. 이는 머리에 붙은 불이 가져올 재앙을 알기 때문이다.

마찬가지로 동물적 본능에 굴복하지 않고 자기 자신을 뛰어넘는 울트라셀프가 되고 싶다면, 울트라셀프 모드가 꺼진 상태, 즉 비스트셀프 상태임을 스스로 알아차려야 한다. 자각하는 사람은 자기 모습을 객관적으로 바라볼 수 있고, 그다음 어떤 행동을 해야 할지 알게 된다.

당신 안에 숨은 난쟁이를 찾아라

체스 게임판 앞에 튀르키예풍 옷을 입은 인형이 있다. 이 인형은 수준급의 체스 실력을 선보이며 관객들을 경악시키고 게임을 항상 승리로 이끌었다. 어떻게 이 인형은 매번 체스 게임에서 승리했을까? 비밀은 탁자 아래에 체스의 달인 난쟁이가 숨어 있었다. 난쟁이는 인형과 줄로 연결되어 모든 상황을 관망하며 여유롭게 체스를 뒀다.

우리의 내면에도 인생이라는 체스판에서 다음 말을

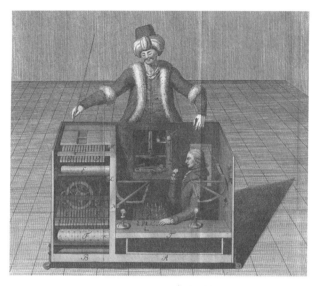

조셉 라크니츠(Joseph Racknitz), 1789.

어떻게 둘지 결정하게 만드는 숨은 난쟁이가 있다. 우선
당신 안에도 이 난쟁이가 있다는 것을 자각해야 한다.
난쟁이가 세상을 특정한 방향으로 보도록 유도하기 때
문이다. 이 사실을 받아들여야 인생을 더 나은 방향으로
이끌 수 있다.

   여기서 난쟁이란

내 안에 잠재의식의 형태로 저장된

기억과 감정 그리고 생각이다.

오르골에서 흘러나오는 음악의 연주 속도를 조정할
수는 있어도 미리 설계된 음을 바꾸기란 매우 어렵다. 정
해진 음대로 연주할 수밖에 없는 게 우리의 운명이라면,
내일을 기대할 수 있을까? 아마도 그럴 수 없을 것이다.
그러므로 음악을 작곡하는 오르골 속의 난쟁이에게 새
롭고 힘 있는 에너지를 제공해야 한다. 당신이 진정으로
원하는 것을 성취할 수 있도록.

잠재의식이라는 난쟁이가 얼마나 중요한지 보여주는
실험이 있다.

모니터에 30장 정도의 사진이 연속으로 나타난다. 이
때 오직 두 가지 선택지가 있다. 피실험자는 각각의 사
진을 보고, A 또는 B 중 하나를 최대한 빠르게 선택해야
한다.

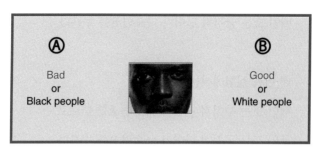

실제 실험 예시

첫 번째 실험에서는

백인 얼굴이 나오면 A를 누르고,

흑인 얼굴이 나오면 B를 누른다.

두 번째 실험에서는

부정적 단어(화, 싸움, 전쟁, 최악 등)가 나오면 A를 누르고,

긍정적 단어(행복, 사랑, 기쁨, 평화 등)가 나오면 B를 누른다.

세 번째 실험에서는

흑인 또는 부정적 단어가 나오면 A를 누르고,

백인 또는 긍정적 단어가 나오면 B를 누른다.

네 번째 실험에서는
백인 또는 부정적 단어가 나오면 A를 누르고,
흑인 또는 긍정적 단어가 나오면 B를 누른다.

흑인과 백인 사진, 긍정적 단어와 부정적 단어의 조합을 묻는 결과에 얼마나 빨리 반응했는지를 측정하여 결과를 살펴봤다. 사람마다 개인차가 있겠지만 실험 결과는 두 가지로 요약된다. 백인을 긍정적이라고 인식하는 선입견이 있거나 흑인을 부정적이라고 인식하는 선입견이 있다는 사실이다.

피실험자가 백인 또는 긍정적 단어를 묻는 실험에 틀리지 않고 더 빨리 반응했다면, 평소에 백인을 흑인보다 더 긍정적으로 생각하고 있다는 것이다. 이 말은 반대로 흑인 또는 긍정적 단어에 반응하는 시간이 더 오래 걸리며 머릿속에서 혼란을 겪었을 가능성이 더 크다는 의미다.

A가 성공한 사람 또는 긍정적 단어, B가 실패한 사람 또는 부정적 단어라고 한번 가정해 보자. 만약 피실험자가 성공한 사람과 긍정적 단어에 더 빨리 반응한다면, 그 사람은 성공한 사람들을 긍정적으로 바라보고 있다는 말이다. 이때 피실험자의 반응 속도는 A가 성공한 사람 또는 부정적 단어, B가 실패한 사람 또는 긍정적 단어일 때보다 더 빠르다. 이는 바로 선입견에서 비롯되는 정보 처리 시간 때문이다.

선입견은 성공한 사람들만 대단하게 바라보고 그들의 성공담에만 귀 기울이게 하는 '성공 편향'에 빠뜨릴 수 있다. 내면에 성공 편향이라는 작은 난쟁이가 생기면 성공한 사람을 나와 같은 '사람'으로 보지 못한다. 심지어 그 사람이 성공한 방법대로만 해서 자신도 성공하기를 바란다.

또한 이 난쟁이는 사업에 성공한 사람이 사업을 잘 가르칠 것이라고 착각하게 만든다. 만약 성공한 사업가가 사업 강의를 하는데, 자신의 스토리에만 기대서 성공하는 법을 가르친다면 그 사람의 이야기는 들을 필요가 없다. 편협한 경험에 의존하지 않고도 잘 가르치는 사람은 많기 때문이다. 정말 좋은 강의가 되려면 사업과 관련된 공신력 있는 자료와 다른 강의들을 참고해야 한다.

이는 성공한 사람들의 방식을 별것 아닌 일로 만들려는 것이 아니다. 성공한 사람들이 실패라는 장애물 없이 성공한 데에는 분명 시대의 흐름에 운 좋게 올라탔기 때문이라는 점도 무시할 수 없다는 말이다. 특히 그들의 성공담을 너무 높이 사는 바람에 유한한 인생에서 오류를 범하지 말라고 조언하고 싶다. 내면에 성공 편향이라는 난쟁이가 없는 사람은 성공 사례를 통해 시대의 흐름과 아이디어를 얻으려 한다는 걸 잊지 말라.

아무리 시대가 변한다고 하더라도 실패만큼 좋은 선생은 없다. 나는 다양한 채널에 출연하여 성공한 사람들의 책과 비결을 연구한 통찰을 나누곤 한다. 한 번도 말한 적은 없지만, 나는 그들의 성공과 실패를 동시에 본다. 하지만 방송에서는 그들의 실패에 대한 이야기를 입밖으로 꺼내지 않는다. 왜냐하면 사람들은 성공에 대한 이야기를 더 선호하기 때문이다.

　이렇듯 우리가 일상적으로 접하는 지식은 어떤 의미에서는 완벽하지 않다. 사람마다 선입견을 가지고 있고 특히 너무나 쉽게 생각의 오류를 범한다. 성공하고 싶다면 어디서부터 출발할 것인지가 중요하다. 그리고 그 출발점은 우리 안에 깊숙하게 자리 잡아 체스 말을 이리저리 두라고 조종하는 난쟁이로부터 시작된다.

　내 안에 숨은 난쟁이가 있다는 것,
　이것을 아는 일이 성공의 시작점이자
　울트라셀프 모드를 켜는 순간이 된다.

ULTRA BOX

당신에게는 어떤 선입견이 있는가? 도저히 모르겠다면, 당신
을 가장 객관적으로 볼 수 있는 사람에게 물어보자.

지금 만 35세를 넘겼는가?

외부 환경에 대한 반응은 만 35세까지 경험하고 익힌 감정과 느낌에 따라 다르게 나타난다. 예를 들어 따뜻하고 화창한 날씨에 대해 많은 사람은 '날씨가 좋다'라고 말한다. 반면에 춥고 구름 낀 날씨는 '나쁜 날씨'라고 이야기한다. 사실 좋고 나쁜 날씨란 없다. 날씨는 어디까지나 날씨일 뿐이다.

인간은 만 35세까지 축적된 습관을 반복하는 속성을 가지고 있다. 만약 지난 35년간 부정적으로 사고해 왔다면, 앞으로 남은 인생 또한 부정적인 생각에 사로잡힐 확률이 매우 높다. 설령 이 사실을 깨닫는다 해도 변화를 꾀하기란 여간 어려운 일이 아니다. 이미 시스템을 갖춘 95%의 반응 방식을 5%의 노력으로 바꾸기는 어렵기 때문이다.

예를 들어 '함부로 사람을 믿으면 안 된다'라는 생각을 가진 사람이 있다고 가정해 보자. 이 사람이 다른 사람과 동업하게 될 확률은 매우 적다. 동업을 하더라도 오래가지 않을 것이다. 이런 주장에 당신은 "에이, 원래 동업하면 안 되는 거예요"라고 말할 수 있다. 하지만 하버드비즈니스스쿨에서 20년 넘게 재직한 노암 와서먼 교수의 조사 결과는 당신의 생각과 다르다.

그의 조사 결과에 따르면, 미국에서 가장 큰 두 개의 산업에 있는 회사들의 84%가 공동 창업자에 의해 세워졌다. 스티브 잡스뿐 아니라 빌 게이츠에게도 동업자가 있었다는 사실을 사람들은 간과한다. 이는 우리가 생각하는 반응 방식이 틀릴 수 있다는 점을 시사한다.

원하는 삶을 디자인하기 위해서 만 35세에 대한 인식

과 자각이 필요하다. 만 35세를 기점으로 당신의 성격, 사고방식, 행동 반응은 굳어질 것이다. 여기서 두 가지 시나리오가 파생된다.

| 시나리오 1

만약 당신의 나이가 만 35세 미만이라면, '특정 형식'으로 스스로를 건설 중이라는 것을 알아야 한다. 특정 형식이란, 현재 당신이 처한 환경과 따르는 인플루언서, 주로 만나는 사람들, 자주 떠올리는 아이디어, 규칙적으로 느끼는 감정, 특히 반복적인 결정 패턴 등이다.

지금부터 집중해라.
실제 강연장에서는 내가 목에 핏대를 세우고
소리를 지르며 말하는 대목이다.

이르면 10대 혹은 20대, 30대 초반인 당신은 절대로 하루를 그냥 흘려보내면 안 된다. 당신이 원하는 방향의 삶을 미리 그려놓고 그것만 생각하며 이미 이루어진 것처럼 초집중해서 살아야 한다. 설령 지금은 최저 시급을 받으며 맥도날드에서 일하더라도 당신의 미래는 맥도날드와 같은 사업체를 운영하는 오너가 되는 것이라고 생각하라. 배운다는 마음으로 임해야 남과 다른 인재가 될 수 있다.

만약 당신이 원하는 미래의 삶이 있음에도 현실을 비관하고 부정적인 생각과 행동을 하고 있다면, 지금 당장 그만두라. 목표에 집중하고 그것을 쟁취하려면 그날그날의 감정에 따라 살면 안 된다.

팔굽혀펴기 100개가 목표라고 가정했을 때, 아무리 힘들어도 어떻게든 한다는 마음만 있으면 정말로 어떻게든 하게 된다. 딱 한 번만 하면 그다음 주에 당신의 몸은 팔굽혀펴기 100개를 할 수 있는 몸으로 단련된다.

목표와 결과에만 몰입하는 이런 군인 정신 같은 마인드는 내가 만난 성공한 사람들, 유대인, 특수부대 출신이나 자수성가한 사업가들의 공통점이다. 그러나 이런 마인드를 가진 사람은 많지 않다. 오히려 하지 않을 핑계부터 먼저 찾으려 한다. 그래서 성공하는 사람이 드물다.

팔굽혀펴기 100개를 다 하기 전까지는 집에 가지 않겠다고 마음먹으면 하게 된다. 몇 시간이 걸리든 오늘 안에 해내겠다고 다짐하는 순간 그 사람은 결국 해낸다. 그런데 그 목표를 만약 팔굽혀펴기가 아니라 월 500만 원의 수입으로 바꾸면 어떻게 될까?

자신을 한 번이라도 뛰어넘은 사람은
다음 산을 넘을 수 있다.
비교의 덫에도 걸리지 않는다.

| 시나리오 2

만 35세 이상인 당신은 남들보다 뒤쳐졌다고 생각하기 쉽다. 하지만 더 정확히 말하면 당신은 이미 굳어진 습관과 성격을 갖고 있다. 그런 당신은 항상 새로운 것 앞에서 기존에 하던 대로 하게 될 가능성이 높다.

온라인에서 심장을 후벼 파는 종류의 악플을 다는 사람들의 나이대는 어떻게 될까? 개념이 없는 10대나 호전적인 20대라고 생각하기 쉽지만 사실 40대 이상이 가장 많다는 뉴스를 본 적이 있다. 그들은 일평생 단 한 번도 불평과 부정, 불만에서 자유롭지 못했던 사람들이다.

갑자기 삶을 바꾸라고 하면 '이미 머리가 굳어서요'라는 반발심이 들 수도 있다. 당신에게 익숙한 시스템을 바꾸는 건 함께 잘 살고 있던 배우자와 이혼하는 일처럼 고통스러울 수 있다. 하지만 뇌과학에서는 이런 당신의 생각과 감정이 지극히 개인적인 것이라고 말한다.

'쓰지 않으면 퇴화될 뿐이다.'

현재는 아주 잘나가는 회사를 이끌고 있는 한 대표는 내게 이런 말을 했다.

"제가 전 회사를 이끌면서 실패를 인정하는 데만 3년이 걸렸어요."

이 대표는 주택담보대출에 지인들에게까지 돈을 빌려

사업을 열었지만 생각처럼 되지 않았다. 가족과 지인들에게 신뢰를 잃은 상황에서도 현실을 부정했다고 말했다. 나는 이 상황이 모두에게 적용된다고 생각한다. 특히 30대 중반 이후부터는 더더욱 그렇다.

당신이 변화를 추구해 겪을 어려움은 10대나 20대보다 더 클 수 있다. 당신 안에 형성된 성격, 사고방식이 뿌리째 뽑히는 경험을 할 수 있기 때문이다. 이것을 중년의 위기라고 부른다.

아는 것이 많고 사회적으로 어느 정도 위치에 있을수록 삶에 펼쳐진 고통스러운 사건들을 마주하기가 쉽지 않다. 자신의 선택을 부정하거나 잘못을 인정하는 일은 더더욱 어렵다. 이럴 때 그간 쌓아온 것을 지키려고 권력을 남용하고 싶은 마음이 들 수도 있다. 하지만 중년의 나이여도 인간에게 배움은 끝이 없다.

어떤 사람들은 배움이 싫어서 인생 수업을 경험으로 대체하려고 한다. '다 깨달았다', '다 경험해 봤다'라며 스스로를 속인다. 단언컨대 '전부 다' 깨닫고 경험한 삶은 없다. 나는 이런 사람들에게 차라리 그 시간에 돈을 버는 게 낫지 않겠냐고 조언한다. 최소한 '돈'이라는 목적에 맞추어 나를 잠시라도 '바꿀' 수라도 있으니 말이다.

그렇다고 돈만 많으면 모든 것이 다 해결될까? 성공한 사업가나 자산가에게 물으면 하나같이 하는 말이 있다. "묶여 있는 돈은 돈도 아니다. 내가 필요할 때 꺼내 쓸 수 있는 돈이 진짜 내 돈이다."

성공해서 많은 부를 쌓아놓고도 그것을 마음대로 쓸 수 없는 사람들이 있다. 내가 이 돈의 주인이 맞는지, 이런 부를 누릴 자격이 있는지를 자신도 모르게 고민하는 것이다. 사회적으로 명성과 인정을 받았음에도 마치 자신을 사기꾼처럼 느끼는 가면 증후군을 겪는 경우도 있다.

이런 경우 성공한 현재의 나와 내 몸에 저장되어 익숙한 이전의 습관이 싸우고 있다는 것을 의미한다. 현재 어려운 상황에 있는 사람, 실패를 거듭한 사람, 성공을 했어도 성공의 결과물이 내 것이 아닌 것 같은 사람 모두 전환점과 개선점이 필요하다. 마인드와 신체의 조화를 위해 삶을 재정비해야 한다.

두 가지 시나리오로 설명했지만 사실 만 35세 미만
이든 이상이든 상관없다. 왜냐면 당신이 보호하고 싶은
'나'는 진짜 당신이 아니기 때문이다. 지금 당신에게 필
요한 것은 울트라셀프, 즉 초자신 모드로 전환하는 일이
다. 울트라셀프는 모두에게 적용이 가능하다.

당신이 인생에서 느꼈던 쓴맛과 고통의 크기만큼 지
식과 지혜가 열리도록 도울 것이다.

그것을 무기로 삼아
한 걸음씩 나아가라.

밑 빠진 독에 물 붓지 말라

자기계발을 위해 아무리 지식을 쌓고 책을 읽어도 제자리걸음인 이유는 자기계발에 '자기'가 빠졌기 때문이다. '계발'이 효과로 이어지려면 변화의 주체인 자기에 대한 자각이 있어야 한다. 그러자면 먼저 학습과 기억의 속성을 이해해야 한다.

| 학습

'교육받았다'라는 말은 어떤 의미일까? 통념적으로

좋은 대학에 가기 위한 교육을 받은 것으로 풀이할 수 있다. 좋은 대학은 좋은 직장을 구할 수 있다는 기대감을 불러일으킨다. 이 때문에 대부분의 교육은 사회에 필요한 인재를 양성하는 '주입식' 교육 위주로 이루어진다.

우리는 교육을 통해 세상에 필요한 능력을 갖춘 인재가 된다. 그러나 주입식 교육으로는 인간으로 하여금 생각이 미래를 만든다는 것을 믿게 할 수 없다.

아이비리그 출신 고학력자들은 세계 최고의 엘리트 코스를 밟고 졸업한다. 그렇다고 모든 고학력자가 사회에서 활약하는 것은 아니다.

오히려 우리는 엘리트 출신이 아닌데도 성공하는 사람들을 자주 마주하게 된다. 찢어지게 가난한 집안 출신의 사람들이 엄청난 부를 거머쥐는 것을 보면 어떠한가? 부럽기도 하지만 일종의 통쾌함도 느껴진다.

그들을 성공으로 이끈
차이점은 무엇이었을까?

교육을 뜻하는 에듀케이션Education은 라틴어 에듀케레 educere에서 유래한 말이다. 에듀케레는 '꺼내다'라는 의미를 가지고 있다. 즉 내가 만든 생각의 감옥에서 스스로를 해방시키는 것이 진짜 교육인 것이다. 운명과 본능의 지배에서 벗어나 성공을 쟁취한 사람들은 모두 이 과정을 거쳤다. 감옥 같은 인생에서 구원자를 기다린 것이 아니라 스스로 구원자가 되었다.

평범한 직장인의 입장을 떠올려보자. 직장인이 하루 만에 한 달 월급을 벌 수 있다는 생각을 갖기란 쉽지 않다. 왜 그럴까? 생각을 못 하는 것일 수도 있고 아예 안 하는 것일 수도 있다. 한 가지 확실한 것은 '나는 월급쟁이다'라는 생각의 감옥에 갇혀 있다는 사실이다. 사고를 확장할 수 있는 특별한 조건이 만들어지지 않는 이상 탈출은 불가능하다.

그러나 경력이 단절된 상태에서 아이 셋을 홀로 키워야 하는 엄마가 있다면, 상황은 완전히 달라질 수 있다. 너무나 간절하기에 하루 만에 직장인 한 달 월급 정도를 벌 수 있는 방법을 고민하게 될 것이고, 그 방법을 어떻게든 찾아내려 할 것이다. 생각의 감옥에서 해방되는 것, 이것이 곧 차이를 만든다.

"내가 나를 해방시켜야 한다고?"
"그럼 나는 어디에 있는 거지?"

이 두 가지 질문은 자기가 어떤 교육을 받았고 무엇을 진짜라고 믿고 있는지를 알게 해준다. 모든 사람은 자신이 만든 생각이라는 감옥에 갇혀 있다. 하루에 머릿속을 스치는 생각의 90%는 생각은 어제 했던 생각으로 이루어져 있다. 이 감옥에서 빠져나오기 위해서 필요한 것이 바로 '학습'이다. 뇌과학적으로 학습은 머릿속에 새로운 뉴런의 길을 트는 것을 의미한다.

여행길에서 접하는 새로운 환경이 완전한 해방감을 주듯이 뇌의 해방은 학습을 통해 이뤄진다. 학습은 이미 알고 있었던 지식과 새로운 지식이 만나 통섭이 이뤄지는 장이자, 스스로에 대한 새로운 자각으로 삶의 가능성이 확장하는 순간이다.

|기억

기억은 단순히 시험을 잘 보기 위한 '암기'만을 말하는 것이 아니다. 기억은 배운 것을 유지하는 일이다. 어린 시절부터 차곡차곡 쌓인 익숙한 기억은 틀을 벗어나는 생각을 매우 위험한 것이라고 인식하게 만든다. 그래서 평소에 부정적으로 말하는 사람은, 긍정적으로 말하고 행동하는 것에 심리적 방어 기제가 작용한다고도 볼 수 있다.

또한 기억은 같은 문화와 사고법을 학습한 사람끼리 서로 친숙함을 느끼도록 한다. 인간의 뇌는 가장 익숙한 것을 안전하다고 인식하기에 타인도 같은 방식으로 받아들인다. 심지어 무리 중 한 사람이 이탈하려고 하면 별의별 이유를 달면서 어떻게든 붙잡으려고 한다.

배운 것을 뇌에 저장하고 유지하는 데는 약 2000개의 뉴런이 필요하다. 배움을 통해 두껍게 형성된 뉴런을 활용하는 것이 뇌의 입장에서는 경제적이다. 더 **빠르고** 효율적이며 에너지 소모도 적기 때문이다. 뇌는 이를 기반으로 시스템을 구축한다. 이처럼 인간은 어린 시절부터 쌓은 익숙한 기억에 의존하며 이에 더 잘 반응한다.

외부 환경에 어떻게 반응하고 생각하며, 감정을 느낄 것인지가 미리 형성된 뉴런에 의해 자동으로 결정되는 것이다. 이 익숙한 기억들이 모여 나의 생각과 감정의 시스템을 만들고 '나'라는 존재가 된다.

▌습관

외부 환경에 대한 반응과 생각, 그리고 감정을 몸으로 익힌 상태를 습관이라고 한다. 나의 기억을 몸으로 표현하는 행위가 습관인 것이다. 이는 생각과 감정이 반복적인 행동으로 굳어진 것을 의미한다. 평균적으로 인간은 만 35세까지 학습한 것의 95%를 반복하며 평생을 살아간다.

어떤 사람이 지난 35년간 부정적으로 반응하는 법을 학습했다면 긍정적으로 반응하기 위해 쏟는 노력은 단 5%의 영향밖에 미치지 못한다.

습관은 무의식적으로 프로그래밍이 된 생각의 자동 반응이다. 행동은 '생각의 자동 반응'을 몸으로 나타낸 것이다. 이를테면 인사불성이 되도록 술을 마신 사람이 자기 집을 잘 찾아가 현관 비밀번호를 누를 수 있는 이유도 이미 저장된 '습관' 때문이다.

습관에 대한 이해를 돕기 위해 내가 인터뷰했던 유대인 랍비에게서 들은 일화를 소개하겠다.

어느 날 뉴욕에 거주 중인 한 젊은 유대인이 랍비를 찾았다. 랍비를 찾은 그의 얼굴에는 수심이 가득했다. 그는 랍비에게 대학교 기숙사에서부터 동고동락한 백인 친구에 관해 이야기했다. 젊은 유대인은 백인 친구와 서로 호형호제할 정도로 오래 알고 지낸 사람이라고 했다.

그는 안정적인 직장 생활을 이어가던 중에 쿠바계 여인과 결혼식을 올리게 되었다. 결혼식 행사가 끝난 후 연회장에서 수많은 하객과 파티를 하게 되었는데, 축복과 사랑이 가득해야 할 연회장에 찬물을 끼얹는 일이 벌어졌다. 만취한 백인 친구가 그의 아내를 향해 인종차별적인 발언을 내뱉은 것이다.

다음 날 백인 친구는 술에 취해 정신이 없었다며 부부
에게 정중히 사과했다. 부부는 오랜 시간을 알고 지냈던
터라 백인 친구의 실수를 눈감아주려고 했지만, 크게 실
망한 것은 사실이었다. 그는 백인 친구와의 관계를 어떻
게 할지 지혜를 얻기 위해 랍비를 찾았고, 이야기를 다
들은 랍비는 젊은 유대인에게 이렇게 말했다.

"그 백인 친구는 처음부터 인종차별자였습니다."

"그래도 저에게 와서 진정으로 사과했습니다. 술에 많
이 취해 자신이 무슨 말을 한지도 제대로 기억하지 못했
어요."

"평소에 그 친구가 가졌던 생각이 술을 마셔서 더 솔
직하고 과격하게 나온 것뿐입니다. 술 때문에 실수한 것
이라면 그 생각을 들킨 실수를 한 것이겠지요."

만 35세까지 학습된 감정과 행동이 체화되면, 습관적
인 행동을 할 때 의식은 사실상 5~10%만 작동한다. 의

식적으로 행동하지 않는다는 의미다. 이는 간단한 질문 하나로 더 쉽게 이해할 수 있다. '당신은 지난주 수요일에 점심으로 무엇을 먹었는가?' 아마 잘 떠오르지 않을 것이다. 평소에 하던 대로 행동했기 때문이다.

반면 2002년 월드컵 때 박지성 선수가 포르투갈을 상대로 극장골을 넣었을 때, 어디에서 무엇을 하고 있었느냐고 물으면 기억할 것이다. 첫 키스를 한 장소도 쉽게 떠올릴 수 있을 것이다. 평소와 다른 생각과 감정을 일으킨 신선하고 새로운 사건들이었기 때문이다.

그러나 뇌는 새로운 것보다 기존에 느꼈던 감정과 과거의 경험을 더 안전하다고 느낀다. 그렇게 과거의 경험을 미래에도 반복해서 만들며 터널에 갇히게 된다. 하지만 어떤 생각과 감정을 반복해서 갖게 되는지 끈질기게 찾는다면, 터널에서 빠져나올 수 있다.

▎감정

인간의 생각은 감정을 넘어서기 힘들다. 상대방을 좋

아하지도 않으면서 그 사람의 말을 귀담아듣는 사람은 없다. 내가 좋아하는 사람과 물건은 핑크빛으로 보이고, 싫어하는 것은 흙빛으로 보인다.

어떤 과목을 잘하려면 그 과목을 가르치는 선생님을 좋아하는 것이 가장 효과적이라는 말을 들어본 적이 있는가? 이는 인간 감정의 이해에서 비롯된 말이다. 인간에게 감정이란 만물의 척도나 다름없다.

"그 사람을 좋아하면
숨소리까지 집중하게 된다."

아무리 책을 많이 읽고 자기계발을 실천해도 삶에 큰 변화가 없는 까닭은 무엇일까? 기존에 가지고 있던 감정이 바뀌지 않았기 때문이다. 자신의 감정을 모르는 것은 시작점을 찾지 못하는 것과 같다. 이 상태에서 자기계발을 하게 되면 '자기'가 빠진 '계발'이 된다.

어떤 회사원은 매일 아침 울리는 알람의 스누즈 버튼

을 누르고, 5분 단위로 다시 깨고 일어나기를 반복하다
가 출근한다. 감정적으로 유쾌하지 않은 상태다. 이는 비
단 아침에만 일어나는 일이 아니다. 회사 생활을 하면서
알람과 비슷한 상황이 생기면 똑같은 감정으로 반응하
고 상처받기를 반복한다.

넓은 의미에서는 인생에도 일맥상통한다. 돈, 성공에
대해 나도 모르게 부정적인 생각을 가지고 있으면, 스스
로 성공한 사람 중 한 명이 될 수 있다는 생각을 하지 못
한다. 생각이 감정을 넘지 못하는 것이다.

감정이 바뀌지 않으니 비슷한 사고 과정을 반복한다.
말과 생각이 계속 충돌하고 계속 제자리걸음을 하게 된
다. 결국에 감정은 성격이 된다.

'나를 바꾸고 싶다' 또는
'운명을 바꾸고 싶다'라는 말은
'성격을 바꾸고 싶다'라는 말과 같다.

노화란 계속해서 같은 일을 반복하거나 같은 감정을

느낄 때 찾아온다. 당신이 새로운 것을 느끼고 받아들여야 하는 이유다. 나 자신을 그대로 내버려 두는 것은 배운 것을 평생 반복하면서 늙어 죽겠다는 말과 같다.

이제 그만 밑 빠진 독에 물을 붓는 행동을 멈추라. 인생을 바꾸고 싶다면 반복되는 나쁜 감정을 찾아 송두리째 뽑아내야 한다.

인간이기만 하면 가능하다

"성공한 사람들은

도대체 무엇이 다르고

어떤 차이가 있어서 성공했을까?"

내가 유튜브 콘텐츠를 제작하고 이 책을 쓰게 된 배경이다. 성공한 사람들을 연구하고 책이나 인터뷰에서 밝히지 않은 그들의 뒷이야기까지 뒤져가며 조사했지만 뚜렷한 답은 나오지 않았다. 그들은 평범한 사람들과 무엇이 다른 것일까? 유튜브 콘텐츠가 쌓여갈수록 세계적인 인물들을 인터뷰할 기회는 많아졌지만, 이런 고민으로 속마음은 점점 타들어 갔다.

"성공의 비밀은 무슨, 다 일장춘몽이지! 나 혼자만 거창한 꿈을 꾸고 있는 거야. 성공한 사람들은 이미 다 정해져 있어."

나는 답을 찾을 수 없는 답답함에 그간 연구한 모든 것을 내려놓고 싶었다. 그렇게 나보다 더 강력한 존재에게 잡아먹히기 딱 좋은 상태가 되었다. 그 순간 머리끝에서 발끝으로 아주 생생한 전류가 흐르는 것을 느꼈다.

"아, 맞네! 이거네!"

나는 지금까지 성공하는 사람들이 일반인과 다르다는 생각에 매몰되어 '차별점'만 찾느라 진리를 깨닫지 못했다는 사실을 깨달았다. 성공한 사람들은 이미 성공이 정해진 것처럼 생각하고 행동하는 특징을 갖고 있었다. 그

특징이 그들을 성공한 사람으로 만들어준 것이다. 성공한 사람들이 가진 공통점과 그들이 공유하고 있는 특징에 집중하자 그토록 찾던 답을 쉽게 손에 넣을 수 있었다.

성공한 사람들의 특징을
기준점 삼아 매일 노력하는 것,
이것이 바로 성공의 진리였다.

내가 오랜 시간 답을 찾지 못했던 이유는 차별점에 초점을 맞췄기 때문이었다. 성공한 사람들의 다양한 방법론에 심취하다 보니 접근 방식, 표현법, 기술 적용이라는 무수히 많은 경우의 수에 걸리게 되었다. 적용할 게 너무나 많았고 심지어 매우 특수한 경우도 정말 많았다. 나는 이 성공 공식을 단순하게 만들기로 마음먹었다.

관절 건강, 근육량, 장내 유익균 등,
건강한 사람들은 비슷한 이유로 건강하다.

하지만 건강하지 않은 사람들은

혈관, 식이, 체질 문제 등 각자만의 이슈가 있다.

저마다의 이유로 건강하지 않은 것이다.

이를 그대로 인생에 적용하면 성공과 실패는 종이 한 장 차이라는 놀라운 깨달음을 얻을 수 있다.

실패한 사람들은 그들만의 매우 특이한 이유로 실패한다. 비스트셀프 상태가 바로 그것이다. 병명 앞에 특발성Idiopathic이라는 말이 붙는 경우가 있는데, 원인을 알 수 없거나 개인의 독특한 특징에서 비롯된 질환을 말한다. 특발성을 일컫는 'Idiopathic'은 고대 그리스어인 이디오스(ιδιος, 자신의)와 파토스(παθος, 고통)에 뿌리를 둔 말로 '자신의 질병'이란 뜻이다. 자신만의 질병은 다른 사람과 공유할 수 없다.

같은 원리로 사업가가 망하는 주된 이유 중 하나는 자신의 방법만을 고집하기 때문이다. 검증되지 않은 자신만의 생각과 감정을 고집하는 사람은 특발성을 띤 질병을 갖게 되며, 이는 다른 사람들의 공감을 얻기 어려워 곧 실패로 이어진다.

이와 반대로
성공한 사람들의 공통점은
다른 사람에게 그대로 적용할 수 있다.

유튜브 〈이상한리뷰의앨리스〉 채널을 운영하며 몇 년간 밤낮으로 고민했던 성공의 본질에 대한 답이 단번에 해결된 지점이 바로 여기였다.

어차피 모든 사람의 신체는 유효기한이 있어 시간을 다하면 뼈와 살이 흙으로 돌아간다. 이는 부정할 수 없는 사실이다. 특히 특발성으로 인해 인생을 변화시킬 새로운 지식을 받아들일 수 없는 상태라면, 그 어떤 위대한 진리도 무용지물일 뿐이다. 이 또한 부정할 수 없는 사실이다.

이런 속성을 지닌 몸에 성공의 방법을 적용한다고 한들 또다시 원점으로 돌아갈 위험성이 있다. 그런 이유로 성공한 사람들의 공통점을 잘 흡수하기 위해서는 우리의 상태를 조금 더 최적화해야 한다.

그 상태가 바로 울트라셀프다.

나를 분자 단위로 쪼개면,

가장 순도 높은 순수한 자신, 울트라셀프가 된다.

성공법은 바로 울트라셀프에 내려받아야 한다.

성공한 사람들의 부를 물려받을 수는 없다.

그러나 그들이 성공한 방법은

누구에게나 적용할 수 있다.

인간이기만 하면 가능하다.

ULTRA BOX

두려움은 미지의 세계, 모호함, 최악의 상황 등의 이유로 찾아온다. 두려움을 떨치지 못하면 미래는 없다. 망하는 길로 들어서게 된다. 어떻게 하면 망할 수 있는지 알아보자.

☐ 내일 시작하기

☐ '그냥 행동'과 '성공을 위한 행동'을 혼동하기

☐ 책만 읽고 아무것도 하지 않기

☐ 가난한 사람들에게 부자 되는 법에 대해 배우기

☐ '일하는 것'에 죄책감을 느끼게 하는 사람과 결혼하기

☐ 한 번 실패하면 바로 포기하기

☐ 환경 탓하기

☐ 다른 사람 탓하기

☐ 정부가 나를 도와주기를 기대하기

☐ 나보다 타인의 의견을 더 높게 사기

☐ 끊임없이 불평하기

☐ 세상이 공평하다고 생각하기

☐ 불편함을 피하기

☐ 적당함을 견디기

☐ 약속한 것을 어기기

☐ 완벽한 조건을 기다리기

☐ 부자가 되는 것보다 부자처럼 보이는 것에 집중하기

□ 가장 중요한 것을 하지 않기

□ 바쁘게 살고 아무것도 성취하지 않기

□ 하겠다고 말하고 아무것도 하지 않기

□ 99%의 사람들이 하는 것을 하면서 1%가 되기를 소망하기

□ 더 많이 말하고 덜 움직이기

□ 새로운 것을 시작하고 포기하기를 반복하기

□ 실수하고 또 실수하기를 반복하기

□ 성공 방정식을 찾고 멈추기

□ 내가 항상 옳다고 생각하기

□ 항상 개인화해서 생각하고 감정적으로 반응하기

□ 돈을 더 많이 벌고 더 많이 쓰기

□ 우유부단한 상태에 머무르기

□ 나보다 가난한 사람들을 보고 안도감을 갖기

□ 나를 제외한 나머지 사람들이 하는 것을 하면서 다른 결과
　 를 기대하기

□ 모든 사람을 다 만족시키려고 애쓰기

□ 배우는 것보다 재미를 더 중요하게 생각하기

□ 늦게 나타나거나 아예 나타나지 않기

□ 절대로 미리 준비하지 않기

□ 다른 사람의 실수를 보고 그대로 따라 하기

□ 내가 돈을 벌기 위해서 누군가는 돈을 잃어야 한다고 생각
　 하기

□ 다른 사람이 하는 행동보다 그들의 말에 집중하기

나를 작동시키는 명령어

삶에서 가장 중요한 것은 무엇일까?

건강?

온몸에 출렁거리는 살이 없을 정도로 근육질 몸을 만들면 어떻게 될까? 오히려 심장마비에 걸릴 확률이 더 높아진다.

쾌락? 재미?

인간은 적응의 동물이다. 아무리 좋은 것도 매일하면

지겨워진다.

  모든 것을 다 누릴 수 있는 부자들이 한편으로는 지루해 보이는 이유도 '모든 것'이 가능한 삶에 적응되어서 그렇다. 더 이상 돈으로 얻을 수 있는 쾌락과 재미를 느끼지 못하면, 부를 이루는 일도 삶에서 중요한 것이 아니게 된다. 그렇다면 인간에게 가장 중요한 것은 무엇일까?

  믿기 어렵겠지만
인간에게 가장 중요한 것은 신념이다.

  "신념이 밥 먹여주나요?"라고 물을 수 있다. 신념은 당신에게 밥을 먹여주는 수준이 아니라 당신을 죽일 수도 있고 살릴 수도 있다.

  빅토어 프랑클은 『죽음의 수용소에서』라는 책에서 유대인 포로수용소에서 겪었던 자기 경험을 이야기한다.

수용소에 수감된 많은 유대인이 샤워장에 들어가기 위해 헐벗은 상태로 찬바람을 맞았다. 그날 이후 많은 사람들이 감기에 걸렸는데, 빅토어는 감기에 걸리지 않았다. 그는 믿는 대로 이루어진다고 생각했다. 그래서 '찬바람'이라는 외부 요인이 있었지만 '찬바람이 곧 감기'라는 공식이 빅토어 프랑클 박사에게는 작용하지 못했다.

찬바람을 맞고 감기에 걸린 사람처럼 대부분의 사람은 외부 조건에 의해 쉽게 흔들린다. 예를 들면 자신의 연봉도 회사에서 정해주는 대로 따른다. 그리고 좌절한다. 근로계약서에 서명한 주체가 자기 자신임을 망각한다. 더 안타까운 상황은 자신의 선택을 회사 탓으로 돌리는 사람도 있다는 것이다. 당신이 진정으로 인생의 성공을 맛보고 싶다면 이런 태도는 하루빨리 버려야 한다. 울트라셀프로 사는 일을 방해해서는 안 된다.

흔히 우리가 성공했다고 말하는 사람들, 그러니까 인생에서 무언가를 이루어낸 사람들은 어떠한 상황에서도 자신의 목표에 집중했다. 이미 펼쳐진 상황에 개의치 않고 자신만의 신념으로 오직 목표에 몰입했다. 이것이 바로 울트라셀프들의 공통점이다. 그들은 목표와 기준점에 바짝 가까워지는 것을 성공이라고 말했다. 그리고 그것을 현실에 나타나도록 하는 게 자신의 신념이라고 강조했다.

당신의 신념과 행동이 부딪쳐 싸운다면 결국 신념이 이기게 될 것이다. 인간은 모두 신념을 가지고 있다. 신념이 없다고 생각하는 사람은 신념이 있는 사람에게 이끌려 그 사람의 신념을 이어받게 된다. 자신의 신념과 타인의 신념, 둘 중에 무엇을 품고 사느냐는 인생의 결과를 완전히 바꿔놓는다.

간혹 이렇게 말하는 사람이 있다. "저는 신을 믿지 않습니다. 무신론자예요." 이 같은 말은 특정 종교에 대해 마음을 닫았다는 표현처럼 들리지만, 핵심은 '신이 없다'라는 신념이다. '신은 없다'라는 신념이 '신'과 관련된 모든 사건들을 부정적으로 이끄는 것이다.

뇌는 무엇이 옳고 그른지, 혹은 중요한지를 따지지 않

는다. 내 안에 있는 신념에 따라 느끼고 생각하고 행동한다. 신념은 '나'라는 프로그램을 작동시키는 '명령어'와 같다. 인간은 이 명령어에 따라 움직인다. 그래서 성공을 위한 신념을 제대로 갖고 있어야 당신이 원하는 목적지에 도달할 수 있다.

지금 당신은
무엇을 굳게 믿고 있는가?

인간의 생각에는 힘이 있다. 생각을 그냥 내버려 두면 큰코다친다. 고전에 '혼자 있을 때를 더 조심하라'는 말이 있다. 혼자 생각하는 일도 마찬가지다. 자칫하면 검증과 확인 과정 없이 자신이 해석하고 받아들인 대로 행동하게 되기 때문이다. 이쯤에서 당신은 "그래도 생각은 자유 아닌가요?"라고 반문할 수도 있다.

하지만 한 조사 결과에 따르면 출근하는 사람들의 80%가 아무 생각이나 마구 떠오르도록 그냥 내버려 둔다고 한다. 이런 상태는 주의력 결핍증과 같다. 1인 가구가 늘어나고 관계의 단절이 많은 사회 풍조 속에서 많은 사람이 자신의 생각을 통제하지 않는 주의력 결핍증에 노출되어 있는 셈이다.

단, 문제 해결의 초점을 주의력 결핍에만 두어서는 안 된다. 모든 것의 원인인 생각을 통제하지 못한 상태에서 주의력 결핍 문제만을 해결하려고 하는 것은 단기적인 미봉책일 뿐이다. 하루에 떠오르는 약 5만 가지의 생각들이 제 멋대로 주인 노릇을 하지 않도록 생각을 통제해야 한다.

생각을 통제하고 싶다면 경호원을 세워야 한다. 마음의 경호원을 세워 어떤 생각을 받아들일 것인지 조심해서 선택하고 나머지는 버려야 한다. 생각은 정리의 영역이 아니라는 뜻이다.

성공한 사람들은 그 무엇보다 자신의 생각을 통제한다. 생각을 통제하기 위해 쓰는 방법은 명상, 확언, 운동 등으로 다양하다. 핵심은 외부의 조건이나 내면에서 일어나는 생각을 철저하게 감시한다는 것이다. 그들은 생각이 곧 성공의 열쇠라는 사실을 알고 있다.

우리가 보는 많은 제품과 서비스 등은 모두 생각에서 출발했다. 이전에 존재하지 않았던 그것들은 누군가의 생각에서 촉발되어 성공적인 사업으로 현실에 나타나게 되었다. 그러므로 생각의 힘을 절대로 간과해서는 안 된다.

우리의 삶은

생각의 결과물이며

인간은 생각으로

생각보다 많은 것들을 이룰 수 있다.

"그래도 생각은 자유 아닌가요?"

'생각의 자유'를 추구하는 것을 매우 조심해야 한다. 인간 생각의 비밀을 관통하고 있는 성서의 한 구절에서는 생각으로 누군가를 미워하는 것은 사람을 죽이는 행동과 같다고 말했다.

이런 점 때문에 지혜로운 사람들은 자신의 생각이 맞는지 점검하고자 반대 입장에서 자신의 의견을 철저히 검증한다. 그리고 자신과 생각이 다른 사람들과 열띤 토론을 벌인다. 생각을 현실로 나타내는 것이 인간 능력 중 하나라면, 생각만 제대로 통제해도 풍성한 삶을 살 수 있다.

▮ 생각은 몸에도 영향을 미친다

대부분의 사람은 자신이 옳다고 믿는 것만 믿는다. 그리고 한번 옳다고 믿으면 그 믿음은 좀처럼 잘 변하지 않는다. 자신이 옳다는 믿음이 강력할수록 그 사람은 한쪽으로 치우친 사고를 할 확률이 매우 높다.

정치적으로 한쪽 성향이 강한 사람들을 대상으로 실험을 진행했다. 약간의 명도 차이가 있는 회색들을 보여

주며 진한 정도를 구분할 수 있는지 알아보는 실험이었
다. 그 결과 놀랍게도 한쪽으로 치우친 정치적 견해를 가
진 사람들은 회색의 명도 차이를 잘 구분하지 못했다.

반면 균형적인 관점을 가지고
어느 한쪽을 맹신하지 않는 사람들은
회색의 명도 차이를 더 잘 구분했다.

당신이 가지고 있는 '옳다'라는 생각, 종교를 포함한
모든 종류의 신념을 의심하라는 것이 아니다. 생각하는
일에는 최소한의 검증 과정이 필요하며, 삶의 이치는 균
형과 조화에 있다는 걸 강조하고 싶다. 당신이 믿는 어느
'한 가지'에만 꽂혀 있다고 인생의 정답을 찾을 수 있는
건 아니라는 말이다.

적어도 생각은 몸에 영향을 준다는 사실, 무엇보다 생
각이 한쪽으로 치우치면 올바른 판단을 내릴 수 없다는 사
실을 인지하라. 이는 당신의 성공에 영향을 끼칠 것이다.

어린아이라고 얕보지 말라

　생각은 에너지다. 생각을 하면 뇌에서 주파수의 형태로 에너지를 흘려 보내게 되는데 이를 측정한 것을 '뇌파'라고 부른다.

　인간의 뇌파는 베타파, 알파파, 세타파, 델타파로 나뉘는데 연령대별로 뇌파 패턴이 다르게 나타난다. 일반적으로 만 14세가 지나면 베타파가 흐르고, 만 7세에서 14세까지는 알파파, 만 4세에서 7세까지는 세타파, 만 4세 미만은 델타파가 흐른다.

| 뇌파별 기본 특징

- 베타파: 잠에서 깬 상태. 두려움, 바쁨, 지루함, 주의력이 있는 상태
- 알파파: 살짝 졸린 상태. 잠에 들기 전, 잠에서 깨기 전 상태
- 세타파: 얕은 수면, 렘수면, 깊은 명상 상태
- 델타파: 깊은 수면, 꿈꾸지 않음, 비렘수면

만 4~7세가 되면 세타파만 나온다. 만 7세까지 아이들은 잠재의식과 같은 상태다. 모든 것들을 있는 그대로 받아들인다. 부모를 포함한 외부 환경은 아이의 입장에서는 절대자와 같은 존재다.

만 7~14세의 아이들은 상상의 세계 그 자체에 하루종일 머문다. 이때는 알파파가 우세하게 나온다.

만 14세 이상이 되면 높은 베타파가 나오게 된다.

어린아이들에게 장난으로 어떤 이야기를 하면 그것을 진담처럼 받아들인다. 살짝만 놀려도 진지하게 받아

들이고 우는 이유가 바로 이것이다. 반면에 만 14세 이상이 되면 분석적 뇌가 작동하는데 이때부터는 장난을 쳐도 튕기거나 반사하기 시작한다.

예를 들어 "너 다리 밑에서 주워 왔어"라고 말하면 12세 아이는 처음에는 잠실대교와 같은 다리를 생각했다가 곧 엄마 다리 밑이라는 생각을 하게 된다. 그 결과 "맞아요, 저를 엄마 다리 밑에서 주워 왔잖아요. 의사 선생님이!"라고 답한다. 산타클로스의 존재를 깨닫게 되는 것도 같은 이치다.

뇌파의 측면에서 우리는 이성(베타파)을 가지고 어린 아이(알파파)처럼 계속 새로운 것을 시도할 수 있는 상태를 만들어야 한다.

성인의 경우 아침에 눈을 뜨자마자 뇌파는 베타파가 된다. 베타파는 주로 분석할 때 나타나는 뇌파다. 시각, 청각, 후각, 촉각, 미각을 통해 주변의 위험 요소를 자동으로 파악한다. 대부분 이 상태에서는 정보를 듣고 처리하는 과정을 갖게 된다.

베타파의 강도가 심할 때는 고분석적이다. 더 비판적인 상태가 된다. '위험'과 '위생'에 대한 개념이 없는 아이들이 살아남을 수 있는 이유는 부모가 높은 베타파를 켜고 있기 때문이다. 베타파의 한계가 있다면 분석적인 성향이 강하기 때문에 성격이나 삶이 바뀌기 매우 어렵다는 것이다. 나는 바로 이 부분에서 지식의 한계를 느낀다.

많은 사람이 성공하기 위해 머릿속에서 다음과 같이 생각한다.

"부자의 돈 버는 법 강의를 듣고 나도 부자가 되면 되겠네."

"나도 저 사람처럼 공부하면 어떤 시험이든 통과하겠네."

"책 한 권이라도 저 사람처럼 읽어서 더 똑똑해져야지."

"이번엔 헬스장에라도 가서 반드시 다이어트에 성공할 거야."

다부진 각오를 보이지만 현실은 어떨까?

시작조차 하지 않는 사람들이 대부분이다. 시작하더라도 그만두어야 할 이유를 기어코 찾는다. 결국 또 한 번의 포기 경험을 쌓는다. 이는 의지력의 문제가 아니다. 나 자신에게 익숙하지 않은 새로운 것을 시도했기 때문에 실패한 것이다. 더욱이 도전에 성공할 수 있는 신념을 갖지 않아서다. 신념은 누군가의 말을 들으면서 생긴다. 고로 내가 평소 누구의 말을 듣는지, 어떤 종류의 말을 계속 생각하는지를 자각해야 한다.

혹자는 '자존감'이 낮아서라고 표현하는 경우도 있지만 본질적으로 신념의 문제다. 처음부터 자신이 할 수 있다고 마음속 깊이 믿지 않았기 때문에 기존의 신념에 담긴 '포기하고 변화를 시도하지 않는 자신'으로 돌아간 것이다. 세상 물정과 규칙을 너무 잘 알아도 세상으로부터 자신을 보호하게 만든 베타파가 당신의 발목을 붙잡을 수 있다.

관객처럼 뒤에서 '눈팅'만 하다가 갑자기 무언가를 시작하고 잘하는 사람들의 공통점은 무엇일까? 그도 사람이고 나도 사람인데 도대체 어떤 부분이 달랐던 걸까?

자기 통제, 실행력, 높은 자존감 등 여러 요소가 있겠지만 결국에는 신념으로 귀결된다. '저거 나도 할 수 있겠는데?'를 객관적으로 파악하고 굳게 믿었던 대로 행동에 옮겼기 때문에 성공한 것이다.

행동하기에 앞서 먼저 "나는 내가 원하는 삶을 그리면서 목표하는 것은 무엇이든 다 이룰 수 있어"라는 것을 굳게 믿는 사람이 되는 게 중요하다. 이것이 바로 당신 내면에 깊게 심어야 할 좋은 신념이다.

내 안에 깊숙하게 자리 잡은 신념의 작용은 베타파에서 통제할 수 있는 종류의 생각이 아니다. 역설적이게도 마음이 고요할수록 뇌는 더 활발히 움직이며, 더 많은 정보를 받아들일 수 있다.

즉 우리의 해법은 알파파에 있다. 다 큰 성인이지만 역설적으로 어린아이와 같은 뇌파를 가져야 한다.

문제는 베타파가 활성화된 일상생활에서 알파파를 활성화하기가 무척 어렵다는 것이다. 바로 이런 점 때문에 사람을 가수면 상태로 만드는 최면으로는, 일상생활에서 능력을 최대로 끌어올리는 것이 거의 불가능하다고 말하는 전문가들도 있다.

정답은 명상에 있다.
이는 2부에서 자세히 다루겠다.

당신이 돈을 벌지 못하는 이유

국내 유명 기업 총수의 운전기사를 하던 사람이 있었다. 오랜 시간을 함께한 뒤 마지막으로 운전하던 날, 그는 용기를 내어 회장에게 물었다.

"저… 회장님. 부자는 도대체
어떻게 하면 될 수 있습니까?"

회장은 한참을 고심하더니 이렇게 대답했다.

"돈이 되는 생각을 계속하세요."

회장의 말을 풀이하면, 부자가 되지 못하는 이유는 돈 버는 생각을 하지 않기 때문이다. 조금 더 자세히 이야 기 하면, 내가 지금보다 더 많은 돈을 벌 수 있으리라고 생각하지 않기 때문에 부자의 근처에도 가지 못하는 것 이다.

지나가는 사람을 붙잡고 성공이 무엇이냐고 물으면 드라마나 영화에서 본 이미지를 떠올리기 쉽다. 우리에 게 익숙한 성공의 또 다른 정의는 목표로 삼았던 부와 명예를 얻는 것이다. 하지만 진정한 성공은 무언가를 소 유하는 것과는 다르다. 실제로 부를 이룬 사람들을 인터 뷰하면 성공은 소유하는 것과는 관계가 없다고 말한다.

영단어 'success'의 어원은 '바짝 뒤쫓다'라는 의미를 담고 있다. 성공은 살아 있는 동안에 잠깐 소유하는 것이 지 죽을 때 가져갈 수 없다. 그렇다고 성공하기를 포기하 라는 말은 아니다.

성공과 실패가 얇은 종이 한 장 차이라면, 성공한 사람은 자신이 세운 목표에 가까워진 사람이고 실패한 사람은 목표에서 멀어진 사람이다. 즉 성공하고자 노력하는 사람들은 무언가를 쫓아가는 사람인 것은 분명하다.

성공을 가로막는 근본적인 문제는
크게 두 가지로 압축할 수 있다.

첫째, 무엇을 바짝 뒤쫓고 있는지 모른다.
둘째, 목표를 뒤쫓을 시스템과 힘이 없다.

무언가 명쾌하지 않은가? 자신만의 '어떤 생각'을 뒤쫓는 일에서 실패한 사람은 없다. 하지만 목표한 환경으로 자신을 옮기고 생각을 바꾸는 데 성공한 사람은 많지 않다. 왜냐하면 만 35세까지 익힌 생각과 생활패턴으로 남은 삶을 살아가기 때문이다.

성공하기 위해서는 목표에 전념하고 집중할 수 있어야 한다. 당신이 원하는 목표는 당장 눈앞에 나타나지도 손에 잡히지도 않는다. 그렇기 때문에 목표에 도달해 성공하려면 눈에 보이지 않는 영역을 이해하려고 노력해야 한다. 분명히 존재하지만 눈에 보이지 않는 영역인 '생각'을 이해해야 한다.

인간은 하루에 약 5~6만 가지 생각을 한다. 하루를 8만 6400초로 환산하고 취침 시간을 뺀다고 하더라도 1초마다 1개의 생각을 하는 셈이다. 정말 엄청나지 않은가? 이 정도의 양이라면 누구나 자신이 원하는 성공을 거머쥐고도 남을 것이다. 물론 그 수많은 생각 중에 성공을 향한 집념이 매우 적다는 게 문제지만 말이다.

아까 회장이 운전기사에게 해준 말을 기억하는가? 당신이 성공하지 못한 이유는 집중력이 약하거나 지능이 낮아서가 아니다. 철이 덜 들었거나 일머리가 없어서도 아니다. 성공은 그런 것과 아무런 관계가 없다. 당신은 단지 성공에 대해 충분히 몰입하지 않았을 뿐이다. 온종일 1초 단위로 떠오르는 생각을 통제할 수 있다면 당신의 삶이 어떻게 달라질지 한번 상상해 보라.

이제 조금 이해가 되는가? 성공한 사람들은 자기암시, 시각화, 확언 등을 통해 생각의 방향을 목표에 맞췄다. 무신론자가 '신은 없다'라는 신념으로 신과 관련된 모든 것을 스스로 부정했던 것처럼, 성공한 사람들은 생각 하나로 목표에 도달할 상태를 스스로 만든다.

성공에 대한 근본적인 접근과 이해가 없다면 당신은 주어진 환경에 맞게 잘 적응하며 살아갈 것이다. 그것을 어떻게 아냐고?

지금 당장 당신 주변이
어떤 사람들로 둘러싸여 있는지를 보라!

비스트셀프 vs. 갓 모드

　오랜 역사 동안 인간의 최대 관심사는 '살아남는 것'
이었다. '살아남다'의 영단어 Survive는 'sur-(뛰어넘다,
super)' + '-vive(살다, vivere)' 두 단어의 결합으로 '삶을 뛰
어넘어 살다'라는 의미를 가지고 있다. 그러나 단어의 본
래 뜻과는 다르게 경쟁에서 살아남는 것으로 혼동하는
사람이 많은 듯하다.

　하버드대학교의 심리학 교수 스티븐 핑커는, 오늘날
까지 인류가 존속할 수 있었던 이유에 대해 문명과 계몽
의 힘이 폭력의 쇠퇴를 불러왔기 때문이라고 이야기했

다. 동해보복의 원칙으로 알려진 '이에는 이 눈에는 눈'
이라는 기준을 제시했던 함무라비 법전은 폭력적이지만
이를 통해 깨달을 수 있는 것이 있다. 바로 '타인의 눈을
상하게 한다면 그와 같이 눈이 상해야 된다'라는 인간 평
등과 존중에 대한 원칙이다.

인간에게는 비스트Beast와 갓God이라는 두 가지 상태
가 있다. 갓 모드는 울트라셀프가 추구해야 할 이상향으
로 삶의 지표와 같다. 아래 비스트셀프와 갓 모드를 정리
했다. 이를 통해 나는 어디에 해당하고 주변 사람들은 어
느 모드에 해당하는지 체크해 보자.

┃ 인간의 두 가지 상태 비교

비스트셀프	갓 모드
목표: 자신의 생존	목표: 타인과 공존
상태: 슬픔, 화, 두려움	상태: 기쁨, 감사, 깨달음
이기적	이타적
비교 마인드	커넥트 마인드
인과관계: 분석 → 불평	인과관계: 창조 → 성취

비스트셀프는 '나의 생존'이 가장 중요하다고 생각한다. 실제로 이것이 삶을 더 이롭게 만드는 일이라고 굳게 믿는 사람들이 있다. 이 상태의 사람들은 자신이 중요한 만큼 상대도 중요하다는 생각을 하지 못한다. 반대로 갓 모드에 있는 사람들은 처음부터 나와 타인을 함께 생각한다. 어떻게 하면 공존할 수 있는지, 무엇을 양보하고 조율할 수 있는지 집중한다. 상대에게 내 의견을 억지로 집어넣지 않는다. 갓 모드에서는 서로를 위한 창조적인 생각을 할 수 있다.

비스트셀프 상태에 머무는 사람들은 슬픔, 화, 두려움의 감정을 주로 느낀다. 슬픔을 잠재우면 화가 올라오고, 화를 잠재우면 두려움이 밀려온다. 두려움에 휩싸인 사람의 모습을 떠올려보라. 피하고 싶은 생각밖에 들지 않을 것이다.

화도 마찬가지다. 한 정신과 전문의는 '화'는 마치 내가 신이 되는 것처럼 느끼는 과정이라고 표현한다. 화를 내는 순간만큼은 내가 가장 높은 자리에 있으며 내 생각과 의견이 곧 세상의 법인 듯한 착각을 불러일으키기 때문이다.

이와 반대로 갓 모드에 머무는 사람들은 기쁨, 감사, 깨달음의 감정을 항상 느낀다. 이 같은 감정은 의식적으로 떠올리기만 해도 이점이 많은데 갓 모드에 머무르게 된다면 어떻겠는가?

비스트셀프는 자신의 생존이 가장 중요하기 때문에 이기적이다. "원래 자본주의는 인간의 이기심으로 돌아가는 거 아니에요?"라고 말하는 사람이 있다면 인간의 이기심에 대해 한쪽만 이해한 것이다. '보이지 않는 손'을 말하며 정부의 개입을 최소화하고, 인간의 이기심이 알아서 시장을 움직이게 해야 한다고 말한 애덤 스미스조차 『도덕감정론』이라는 책을 썼다는 사실을 잊지 말라. 이 책에는 인간 본성에 연민과 공감의 원리가 존재한다는 주장이 담겨 있다.

오늘날의 미국을 만든 건국의 아버지라고 불리는 이들이 '이기심'이라는 표현을 쓴 이유는 인간 평등과 존중의 가치를 믿기 때문이었다. 함무라비 법전에서 보았듯이 '내가 이기적이면 상대도 이기적이라는 것을 잊지 말라'는 의미가 담겨 있는 것이다. 인간의 이기심이 제대로 작동한다면 정부가 개입하지 않아도 균형이 잡힐 것이라고 믿었던 셈이다.

그래서 갓 모드의 사람들은 이기적일 필요가 없다. 물론 내가 가진 것까지 다 퍼주며 자선 사업가가 되라는 말이 아니다. 다음 문단과 함께 이해하면 좋을 것이다.

갓 모드의 사람들은 프레임 밖에서 창조적으로 생각할 수 있기 때문에 남의 비웃음을 살 만큼 큰 꿈을 가지는 경우가 종종 있다. 예를 들면 링컨의 노예제도 폐지 선언과 같은 것이다. 당시 흑인 노예의 노동력을 착취해 벌어들이는 돈의 액수가 적지 않았기 때문에 링컨 대통령의 파격적인 정책은 살인 욕구를 불러일으킬 만큼 강력했다.

하지만 그는 줄다리기에서 승리하는 것이 목적이 아니었다. 링컨의 진짜 목적은 세대를 초월한 가치가 의미 있게 여겨지는 것이었다. 그는 이렇게 말했다. "나의 관심은 신이 나의 편에 서 있는 것이 아니다. 내가 신의 편에 서 있느냐다. 왜냐면 신은 항상 옳기 때문이다." 당신도 이미 눈치를 챘겠지만 링컨은 갓 모드의 사람이었다.

대개 사람들은 수능처럼 어떤 간절한 상황이 오면 기도한다. 하지만 이런 기도는 이루어지는 경우가 드물다. 제대로 공부하고 노력하지 않았는데 기도로 좋은 결과를 얻겠다는 것부터 잘못된 심보다. 인원 미달이 되는 바람에 어부지리로 대학에 합격하더라도 얼마 지나지 않아 자퇴라는 순서를 밟게 될 것이다. 함께 입학한 동기들의 수준이 높아 마땅한 실력을 키우는 것이 우선임을 깨닫기 때문이다.

갓 모드의 사람들은 신의 입장에서 생각하며 목표에 걸맞은 실력을 갖추었기 때문에 언제든 원하는 인과관계를 창조할 수 있다. 이에 비해 비스트셀프에 머무는 사람은 자기 자신을 보호하기 위해 인과관계를 분석한다. 그 분석을 바탕으로 자신의 결백을 증명하는 데 온 힘을 쏟는다. 심한 경우 남을 탓하기도 한다.

그러므로 더 이상 '살아남는 것'에 혈안이 되지 말라.

그것은 금수들이나 벌이는 짓이다. 당신에게는 '주어진 삶을 뛰어넘어 살겠다'라는 의지와 실행력이 필요하다. 지금 당장 신의 생각에 주파수를 맞추고 갓 모드로 전환하라. 그리하여 울트라셀프의 포문을 열고 당신의 위대한 시작을 알리라.

| 유대인과의 대화

사업가 신들러는 자신이 가진 것을 모두 바쳐서 나치에게 박해받던 유대인 1200명을 살린 사람이다. 나는 신들러를 보며 '사람을 살리겠다고 자기 재산을 전부 바치는 사람이 진짜 있을까? 그의 이야기가 현실적일까?'라는 생각을 하게 되었다. 그러다 신들러가 유대인 한 명한 명을 바라보았던 관점이 바로 신의 관점이라는 깨달음을 얻었다.

그 후 나는 신이 선택한 민족이라고 불리는 유대인 랍비들에게 관심을 가졌고, 그들을 인터뷰할 기회를 종종얻게 되었다. 그중 매니스 프리드먼이라는 랍비가 기억에 남는데, 그는 유튜브 영상 하나로 수백만 조회 수를 찍을 정도로 유명한 사람이었다.

그가 들려준 아담과 이브 이야기는 기존의 성서에 대한 상식을 완전히 뒤엎었다. 원래 천지창조는 신이 에덴동산을 만들고 그 안에 아담을 먼저 둔 뒤, 얼마 지나지 않아 이브를 보내면서 아름답게 그려진다. 하지만 신은 선악을 알게 하는 나무의 열매를 먹는 순간 죽을 수 있으니 절대 먹지 말라고 경고한다.

그때 간사한 뱀이 이브를 찾아와 '정말 죽을까?'라는 말로 그녀를 속인다. 이브는 선악과를 먹는 일에 아담을 끌어들였고 에덴동산에서 추방당한다. 바로 여기까지가 우리가 아는 내용이다.

하지만 랍비 매니스가 말하는 핵심 내용은 달랐다. 신이 세상을 창조하고 그 안에 에덴동산을 만들어 아담과 이브를 두었다. 그런데 신이 만든 세상은 어지러웠다. 세상을 돕기 위해 신과 대화를 나누며 헌신할 사람이 필요한데, 아담과 이브는 에덴동산에 있어 세상으로 나갈 수가 없었다.

그렇다고 신이 아담과 이브에게 지금 당장 세상 속으로 뛰어들라고 명령을 내린다면 그것은 신의 강압적인 힘에 의한 것이나 마찬가지였다. 만약 두 사람이 그런 식으로 세상에 가게 되면, 신이 부여한 최고의 선물인 자유의지를 발휘할 수 없는 것이었다. 이는 신과의 인격적인 관계가 성립될 수 없다는 것을 의미했다.

그때 뱀이 여인에게 다가가 자초지종을 설명한다. 여인은 그 말을 듣고 남편에게 신의 사정을 말한다. 신의 사정을 알게 된 남편은 먹으면 '죽는'(여기서 죽음은 격이 떨어지는 것을 의미) 선악과를 먹겠다고 결심한다. 아담과 이브는 신이 부여한 자유의지로 신을 대표하는 요원이 된 것이다.

갓 모드는
자유의지를 가진 인간이
추구해야 할 최고선이다.

문제 해결 알고리즘

    인생은 문제 해결의 연속이라고 말해도 과언이 아니다. 일반적으로 문제를 해결하는 데는 다음의 과정을 따른다.

첫째, 문제 인식
↓
둘째, 문제 해결 방안 모색
↓
셋째, 효과적 해결 방안 나열
↓
넷째, 해결 방안 선택
↓
다섯째, 해결 방안 적용

세상에는 두 종류의 문제가 있으며
이를 문제 1과 문제 2로 설명하겠다.

문제 1은 해결책이 매우 간단한 경우를 말한다. 직접
인터뷰한 베스트셀러 작가 데이비드 엡스타인에 따르면,
골프장에서 골프하는 것이 문제 1과 같은 유형이다. 골
프 코스와 그 모양은 정해져 있기 때문에 공을 홀에 넣
는 방법은 이미 정해져 있다는 것이다.

하지만 문제 2는 문제의 원인을 파악하기가 어렵고
복잡하다. 기후, 노숙자, 인플레이션, 저출산과 같은 일들
이 바로 그것이다. 가령 미국 텍사스주에서 노숙자의 수
를 줄이는 연구와 정책을 펼쳐 합당한 대책을 마련했다
고 하자. 물론 아무것도 하지 않을 때보다 노숙자의 수는
감소되었지만 노숙자를 0명으로 만들기란 불가능했다.

한번은 세계적으로 유명한 의사결정과학자 게리 클
레인 박사를 인터뷰했는데, 문제 2와 관련하여 의미 있
는 말을 들을 수 있었다. 그는 삶에서 문제의 원인을 파

악하기 어려운 문제 2를 두고, 어떻게 하면 빠른 시간 안에 의사결정을 할 수 있는지에 대해 평생 연구한 사람이었다. 그는 문제 2의 유형을 0으로 만들기란 불가능하지만, 문제를 미리 대비함으로써 즉각적으로 반응할 수 있는 조건을 만드는 것은 가능하다고 말했다.

문제 1과 문제 2를 해결해 나가는 인간을 두고
게리 클레인 박사는 성공을 이렇게 정의했다.

"유의미한 변화"

유의미한 변화에 집중하는 것이 성공이라면, 우리가 생각하는 금전적인 액수를 얻는 일은 무의미하다. 무엇보다 얻지 못한 것을 실패라고 단정 지을 필요도 없다. 금전적인 목표에 가까워지고 있다는 '변화'에 주목하면 되는 것이다. 나는 박사와의 대화를 통해 관점의 변화가 성공의 시작이라는 통찰을 얻을 수 있었다.

즉 성공이란,

얻는 데에 있는 것이 아니라

성장의 과정, 변화에 있다.

이를 깨닫고 성공한 울트라셀프들은 계속 열심히 할 수 있는 동력을 외부 세계가 아닌 자기 자신에게서 얻었다.

누군가의 문제 2는 돈을 버는 것이 될 수도 있다. 사실 이 문제에서 자유로울 사람은 별로 없을 것이다. 답도 없고 길도 모르는 이 험난한 여정에서 당신은 어디서 어떻게 돈을 벌 것인가?

만약 경력이 단절되었다면, 준비 없이 퇴사했다면, 사업을 하다가 망했다면, 당신을 도와줄 사람이 없다면, 지금 당장 당신은 무엇을 할 수 있는가?

힌트를 하나 주겠다. 앞에서 언급한 문제 해결의 과정을 당신의 문제에 적용하라. 아주 쉽고 간단해 보인다거나 아무것도 아닌 문제라고 내버려 두어선 안 된다. 적극적인 문제 해결의 행동 없이 생각만 하는 것으로는 당신의 삶을 바꿀 수 없다. 문제의 원인을 파악하며 계속 해결하려고 시도해야 한다. 최대한 0에 가까운 상태를 만드는 게 중요하다. 이는 당신만의 문제 해결 알고리즘을 만드는 일이다.

정신은 내비게이션, 몸은 자동차

성공하고 싶다면 건강해야 한다. 신체는 물론 정신도 건강해야 한다. 정신이 건강하려면 '건강한 정신 상태'가 무엇인지를 알아야 한다. 당신의 성공을 위해 건강을 강조하는 이유는 너무나도 자명하다. 성공을 이루는 여정이 삶의 균형을 깨뜨릴 정도로 어렵기 때문이다.

"호랑이 굴에 가야 호랑이 새끼를 잡는다"라는 속담이 있다. 그만큼 정신을 제대로 무장하는 것이 중요하다는 말인데, 호랑이 굴은 바로 세상이다. 위험을 무릅쓰고 세상 속으로 뛰어들어야 무라도 자를 기회가 주어진다.

정신의학에서 말하는 정신 상태란 무엇일까? 정신 상태란 역경에 대한 적응 반응이다. 성공하고 싶다면 일은 필수적이다. 그러나 일에는 노력이라는 힘이 들어간다. 일의 결과가 계획한 대로 나온다면 괜찮겠지만, 그렇지 않을 경우에 신체와 정신은 큰 부담을 느낀다. 즉 원하는 결과를 계속 만들고 시도하기 위해서는 정신을 관리해야 한다.

그렇다면 성공의 장애물인 정신질환의 근본적 원인을 없애려면 어떻게 해야 할까? 이를 신체 측면에서 한번 분석해 보자.

많은 의사와 연구원은 인간의 생물학적인 요소가 심리적인 것과 직접 관련이 없다고 믿었다. 예를 들어 정신분열증의 경우 낮은 자존감으로 인한 정신질환이라고 여기고 정신과 테두리 안에서 해결하려는 경향이 있다.

만약 집중력에 문제가 있는 사람이 이를 해결하기 위해 전문의를 찾게 된다면 정신과나 심리상담 쪽일 확률이 높다. 그런데 정신과를 이비인후과처럼 쉽게 드나들수는 없을 것이다. 진료비도 상당하고 정신과 진료 기록을 남기고 싶지 않다거나 치료 자체에 불신이 있는 등여러 가지 이유를 들 수 있다.

그럼에도 정신질환을 해결하기 위해 선택할 수 있는것은 정신과 방문 또는 명상일 것이다. 하지만 신진대사가 정신질환과 연관성이 있다는 연구 결과를 안다면 대응 방식이 달라진다. 새로운 선택지가 생기는 것이다. 신진대사가 정신질환과 연관성이 있다는 것은 쉽게 말해신체 전 기능의 순환이 좋아야 한다는 의미다. 다음은 신진대사에 영향을 주는 요인이다.

▮ 신진대사에 영향을 주는 요인

식단	빛	잠	운동
알코올	유전자	호르몬	스트레스
염증	약물	신경전달물질	비만

위의 요인 중에서 전문가의 도움 없이 바로 적용할 수

있는 것은 잠, 빛, 식단 이렇게 세 가지다.

이 세 가지를 어떻게 적용해야 신진대사를 개선하고 정신질환을 극복할 수 있을까? 이를 적용해 정신질환을 이겨낸 내담자의 사례를 소개하겠다. 주목할 점은 단기적인 효과에 그치지 않았다는 사실이다.

대부분의 사람은 다음 환자처럼 심한 정신질환을 가지고 있지 않다. 하지만 앞으로 소개할 사례를 통해 자신만의 힌트를 얻을 사람이 있으리라고 확신한다.

정신질환자가 많은 집안에서 태어난 한 아이가 있었다. 아이가 자라면서 ADHD 증상과 함께 날로 짜증이 심해졌다. 정신과 상담은 물론 약물 치료도 받았지만 몇 주가 지나도 큰 진전이 없었다. 아이의 IQ는 상당히 높은 편이었고 빨리 배우는 편이라 지적 능력에는 문제가 없었다. 아이가 중학교에 입학할 무렵에 자살 시도를 시작했다.

더 이상 각종 약물과 심리 치료가 도움이 되지 않자, 그때부터는 신진대사가 잘 이루어질 수 있는 치료로 전환했다. 앞서 말한 잠, 빛, 식단에 집중한 치료는 규칙적이고 철저하게 이뤄졌다.

첫째, 아이가 생체리듬에 맞추어 생활하고 잠을 잘 수 있도록 했다.

둘째, 매일 아침마다 아이를 강한 햇빛에 노출되도록 했다.

셋째, 스트레스로 단것에 지나치게 의존했던 아이의 식습관을 건강하게 개선했다.

치료를 시작한 지 한 달이 채 되기도 전에 아이의 짜증과 우울증은 거의 없어졌다. 그리고 이 효과는 아이가 학교생활에 집중할 수 있게 도왔다. 다음 학년이 되어 치료의 성과가 나타나기 시작했는데, 대부분의 과목 성적이 최고점일 정도로 학업 성취도가 높았다.

여기서 끝이 아니다. 코로나 팬데믹으로 정상적인 학교생활이 이루어지지 않아 많은 아이의 기초학습 능력이 떨어질 때도 이 아이는 성적을 유지했다. 또한 다른 아이들은 집에만 있어 우울증, 불안, 소외감 등으로 정신적인 어려움을 겪었는데, 이 아이는 계획대로 삶을 운영했고 오히려 얼굴이 더 밝아졌다. 이는 모두 잠, 빛, 식단 치료를 지속했기 때문이었다.

| 수면의 중요성

울트라셀프 세미나에 참석했던 사람들은 대부분 직장 생활을 했다. 그들은 아침 일찍 일어나 오후 11시경에 취침하는 생활 리듬을 가지고 있었다. 그런데 굉장히 특이한 생활 리듬을 가진 참석자가 있었다. 울트라셀프 세미나를 통해 성장을 이루고 싶다는 의지가 강한 사람이었지만, 왠지 모르게 불안정해 보였다. 깊게 대화를 나눠보니 불안정한 정서를 지닌 어머니 밑에서 자란 사람이었다.

그의 정신 상태가 불안정해진 이유에는 여러 가능성이 있겠지만, 나는 '수면'과 관련된 부분이 의심되어 그의 수면 습관을 캐물었다. 아니나 다를까. 이 사람은 마치 시차가 바뀐 것처럼 생활하고 있었다. 새벽 3~4시에 잠자리에 드는 게 일상이었다.

이런 상황에서는 수면 부족, 에너지 부족, 스트레스 노출 등 여러 가지 문제가 생긴다. 무엇보다 가장 큰 문제 중 하나는 목표를 꾸준히 겨냥하고 실행할 수 있는 끈기를 갖기 어렵다는 것이다. 이는 성공을 방해하는 요소이며 아무리 의지력을 발휘하더라도 무기력하다.

건강하지 못한 수면 패턴은 스트레스를 불러일으키고, 스트레스는 해마를 공격한다. 해마는 장기기억과 관련이 있는 곳이다. 그렇기 때문에 학습에 문제가 생기며 다양한 시도가 불가능한 상태로 이어져 성공과는 점점 거리가 멀어지게 된다.

아이든 어른이든 몸에 영향을 끼치는 요인을 절대로 간과해서는 안 된다. 잠을 제대로 자지 못하는 것, 빛을 제대로 쬐지 않는 것, 그리고 나쁜 음식을 섭취하는 것만으로도 성공은 불가능하다. 생각보다 인간은 이런 조건에 취약하다. 성공에 있어 맑은 정신이 내비게이션이라면 건강한 신체는 목적지에 데려다주는 자동차라는 사실을 기억하라.

내게 어떤 재능을 주었는지
신에게 따지라

    누구나 재능을 가지고 세상에 태어난다. "굼벵이도 구르는 재주가 있다"라는 속담은 긍정을 넘어 엄청난 지혜가 담긴 말이다.

    재능에는 마태 효과가 적용된다. 마태 효과는 빈익빈 부익부를 가리키는데, 재능 역시 많으면 많을수록 더 큰 이익을 얻을 수 있다. 반대로 자신의 재능이 무엇인지 모르고 내버려 둔다면 썩어서 아무 쓸모가 없게 된다. 최신 뇌과학은 이 주장에 힘을 실어준다. 과거 뇌과학에서는 인간이 나이가 들면 뇌가 굳어진다고 말했지만, 지금은 사용하지 않은 능력이 퇴화되는 것이라고 말한다.

그러므로 당신이 가진 재능이 무엇인지 내면을 깊이 들여다보아야 한다. 어떤 상황에서 무엇을 할 때 성과가 가장 좋았는지, 남들에게 무엇으로 소질이 있다거나 잘한다는 소리를 들었는지 부지런히 찾아야 한다. 하고 싶은 일보다는 잘하는 일을 찾는 게 우선이다. 잘하는 일이 하고 싶은 일로 당신을 인도해 줄 것이다.

또한 어떤 일을 할 때, 신이 나에게 어떤 재능을 줬는지 그리고 그 의도가 무엇인지를 파악해야 한다. 그 비밀을 알게 될 때까지 신에게 묻고 따져라. 당신만의 재능을 찾게 되면 지금과는 다른 삶을 꿈꿀 수 있게 된다. 약점에 투자하기보다 강점을 극대화하는 편이 성공으로 가는 지름길이다.

세계적으로 유명한 어떤 유튜버는 중학생 때 여자 친구와의 사이에서 아이를 가지게 되었다. 준비되지 않은 상태로 갑자기 가장이 된 그는 무엇이든 해야 했다. 그래서 레스토랑에서 설거지를 시작했다. 기계로 대체 가능한 단순 노동을 통해 보람을 느끼기란 여간 어려운 일이 아니다. 이 사람은 설거지를 하며 이런 생각을 하게 된다.

"몇 달간 하루 종일 설거지를 해보니
나와는 맞지 않는다는 사실을 알았다."

이날 이후 이 사람은 자신에게 주어진 능력 안에서 자신이 할 수 있는 일만 끊임없이 반복하게 된다. 신에게 단 한 번만 물었어도 그의 인생은 완전히 달라졌을 것이다.

애석하게도 많은 이가 자신의 능력을 발견하지 못하고 하루하루 겨우 살아남는 일에만 집중한다. 연명하는 수준에서만 자기 능력을 적당히 세상에 맞추는 것이다. 심지어 자기 능력을 알아도 어디에 사용할지를 모르거나 그냥 썩히는 경우도 있다.

인간은 자신보다 화려하고 도드라진 '완성형'에 가까

운 사람을 보면 너무 쉽게 좌절한다. 그러면서 자신도 모르게 이를 정당화하려는 확언을 하게 되고 이를 진리처럼 믿는다.

"나는 특별한 능력이 없어."

물론 당신의 능력을 알아가고 그 능력을 극대화시키는 일은 쉽지 않다. 또한 고유의 능력을 발휘하는 일은 집에서 아무것도 하지 않는 것보다 번거롭다. 하지만 당신 내면에 어떤 능력이 있는지를 알지 못하면, 자본주의 사회에서 당신의 능력을 돈으로 환산할 기회가 없어진다.

유대인은 자녀에게 돈 버는 법을 철저하게 교육한다. 자녀가 풍족한 삶을 살기를 바라는 마음도 있겠지만 그보다 더 깊은 뜻이 있다. 돈을 벌고 가치를 창출해 세상에 필요한 사람이 되는 법을 가르치지 않는 것은 자녀를 도둑으로 만드는 일과 같다고 생각했던 것이다.

| 현대 사회에서 재능의 의미

드라마 〈히어로즈〉를 보면 주인공들은 저마다 특별한 능력을 가지고 있다. 울버린처럼 신체 회복 능력이 뛰어난 클레어, 주먹 한 방으로 돌덩이도 반으로 가르는 니키, 텔레파시로 사람들에게 자기 목소리를 전달할 수 있는 파크만 등 능력도 가지각색이다. 이들은 자신의 능력이 무엇인지를 잘 알고 위기 상황에서 그 능력을 효과적으로 발휘한다.

그런데 이 드라마에서는 주인공인 피터만 자신의 능력이 무엇인지를 알지 못한다. 수많은 영웅 사이에서 자신의 능력을 모른다는 것, 이것을 보는 시청자 입장에서는 답답함 그 자체다. 다행히 드라마 후반부에서 피터는 자신의 능력을 깨닫는다. 그것은 바로 다른 영웅의 초능력을 흡수하는 능력이다. 정말 엄청나지 않은가?

나는 오늘을 사는 많은 사람이 주인공 피터와 비슷한 상황이라고 생각한다. 자기의 재능을 모르는 것 또한 비스트셀프 상태다. 자기 안에 내재된 엄청난 능력을 모르고 방황하기 때문이다. 자기 능력을 모르는 사람들을 보면 피터를 보았을 때처럼 답답함이 느껴진다.

혹여나 자신을 부모님의 생물학적 유전자를 보유한 다음 세대 정도라고만 생각하고 있지 않은가? 단언하건대 인간은 어떤 것이든 원하기만 한다면 배울 수 있는 능력을 가지고 있다.

당신이 현시대에 태어나 갖게 된 엄청난 기술은 언어 능력과 인터넷이다. 이 기술을 절대 간과해서는 안 된다. 과거에는 라틴어와 같은 언어의 장벽으로 고급 정보에 접근하기조차 어려웠다. 법, 의료, 경전 등과 같은 정보를 특정 계층의 소유물처럼 여겼다.

하지만 지금은 어떠한가? 역사를 돌이켜 보면 지금처럼 모두가 글을 읽고 쓸 수 있으며 정보를 소비할 수 있는 능력을 가진 시대는 없었다.

게다가 원한다면 언제라도 고급 정보에 쉽게 접속할 수 있는 인터넷이 손바닥 안에 있다. 전염병, 세계대전, 경제 대공황 등 다양한 환경에서 구축된 인간 데이터와 능력에 대한 자료들은 당신이 스스로를 알아가는 속도에 날개를 달아준다.

이런 맥락을 이해한 당신의 능동적인 독서, 더 자세히 말하면 '무언가를 읽는 행위'는 당신의 능력을 비약적으로 발전시킬 것이다. 읽는 일은 사고를 확장하는 데 큰 도움이 되며 인간은 이를 통해 완전히 다른 존재로 탈바꿈할 수 있다.

세상의 기준에서는 아무것도 갖지 못한 사람이지만, 자신의 삶을 바꾸려는 사람들의 방 한쪽에는 책들이 가득하다는 사실을 잊지 말라. 감옥에 갇힌 내면의 진짜 당신을 인식하고 느끼는 것이 먼저다.

그런 당신은 무엇이든
배울 수 있는 사람이 될 것이다.

정신질환, 제대로 이해하라

나는 지금까지 당신이 잠재력을 최고로 끌어낼 수밖에 없는 이유를 설명했다. 어떤 사람은 독서에 대한 열정이 불타오르기도 했을 것이다. 하지만 여전히 우리는 집중력 장애, 우울증, 조울증, 낮은 자존감, 자기 비하, PTSD, ADHD, 알코올 중독, 약물 중독, 자폐, 식이 장애 등에 노출되어 있다.

실제로 불특정 다수의 사람들을 대상으로 조사한 결과, 2명 중 1명은 어느 정도 정신질환을 가지고 있다는 연구 결과도 있다. 하지만 한 연구 결과는 이보다 더한

수치를 보여주고 있다.

뉴질랜드의 한 마을에서 태어난 사람들을 대상으로 신생아에서 중년이 될 때까지 정기적으로 정신질환 검사를 실시했다. 그 결과 80% 이상의 사람들이 정신질환에 노출되었다는 결과를 얻었다. 이 실험은 정신질환에 걸릴 확률이 암에 걸릴 확률보다 높을 수 있다는 점을 시사한다.

이와 같은 연구로 미국과 같은 선진국에서는 정신질환에 대한 관점이 달라졌다. 정신질환을 신장 결석이나 골절처럼 흔한 증상 중의 하나로 보게 된 것이다. 그래서 평상시에 관리가 가능하도록 국가적인 차원에서 힘쓰고 있다.

혹시 정신질환이 흔하다는 말에 놀라거나 크게 걱정하는 사람이 있다면 진정하라고 이야기해 주고 싶다. 조던 피터슨 교수는 어차피 나 자신 또는 나와 가까운 관계에 있는 사람을 포함한 모든 인간은 신체나 정신의 병을 얻게 된다고 말했기 때문이다.

다행스러운 것은, 정신질환은 평생 안고 살 필요가 없으며 충분히 개선이 가능하다는 점이다. 물론 연구 결과에는 웬만한 문제에는 흔들리지 않는 멘탈을 타고난 사람들도 있었다.

이 사람들은 정서 문제나 스트레스로 인한 정신질환 문제가 없는 사람이었다. 그렇다고 이들이 다른 사람에 비해 특별한 능력이나 엄청난 자산을 가진 것은 아니었다. 다만 어릴 때 다른 사람에 비해 몸이 약했다는 보고가 있다.

다음은 울트라셀프 오프라인 강연을 진행하며 얻게 된 사례다. 나는 이를 통해 정신질환이 개선 가능한 영역임을 확신하게 되었다.

오프라인에서 2주에 걸쳐 진행하는 '울트라셀프 부트 캠프'에서 정신 상태와 관련된 셀프 체크 툴과 개선 방법을 제공했다. 놀라운 점은 대부분의 참가들이 처음 셀프 체크를 했을 때, 우울증 초기 증상이나 심하면 중기에 해당하는 점수가 나왔다는 것이었다. 물론 그중에는 최근에 충격적인 사건을 보고 듣게 되어 급성으로 우울증 상태에 이른 참가자도 있었다. 하지만 대략 30일간의 변화를 추적하니 대부분의 정서 상태는 정상 수준으로 돌아왔다.

미국의 경우 가족, 친구와 같이 가까운 관계에 있는 사람이 세상을 떠나는 등 충격적인 일을 겪게 되면 심리 진단을 하지 않는다. 그런 일을 겪으면 정상적인 정서를 유지하는 것이 어렵기 때문이다. 하지만 시간이 지나면 균형이 깨졌던 정서는 정상 범위로 돌아온다. 울트라셀프에 참가했던 사람들 대부분의 정서도 마찬가지였다.

우려되는 것은 '적당히 안 좋은' 정서 상태를 계속 유지하는 경우다. 정상 범위와 우울증 초기 증상을 오가는, 그러니까 적당히 부정적이고 공격성을 띤 상태를 문제라고 인식하고 인정하는 게 어렵기 때문이다.

오늘날의 사회는 다양한 정신질환을 일으킨다. 하지

만 정신질환은 충분히 극복할 수 있다. 나는 당신에게 상투적인 조언을 하려는 것이 아니다. 크고 작은 정신질환의 실체를 알고 나면 이것은 더 이상 문제가 되지 않는다는 점을 말하고 싶을 뿐이다. 두려워하지 말고 용기를 내서 똑바로 바라보라.

이를 깨닫는 순간,
앞으로 나아갈 일만 남는다.

돈은 두려운 존재가 아니다

인간에게는 공포증이 있다.

공포증은 해결해야만 한다. 왜냐하면 실패는 배움과 혁신을 가능케 하지만, 공포는 아무것도 하지 못하게 당신을 옭아매기 때문이다.

어릴 적 안 좋은 경험 때문에 피부 접촉을 병적일 정도로 싫어하는 사람이 있었다. 그 사람은 결혼했지만 부부 관계를 맺는 데 수년이 걸렸다. 해결하지 않으면 정상적인 생활이 어려운 종류의 공포증도 있다. 바로 돈과 관련된 공포증Chrometophobia이다. 돈을 쓰는 것, 돈에 대해 생각하는 것, 심지어 돈을 만지는 것에도 공포증이 있다. 대표적인 증상은 다음과 같다.

- 돈을 생각하면 우울함
- 돈을 쳐다보기도 싫어함
- 입금하거나 출금하는 것을 싫어함
- 돈 관리 자체가 부담스러움

그렇다면 어떻게 해야 이 공포증을 해결할 수 있을까? 영화 〈빅쇼트〉를 보면 실마리를 잡을 수 있다. 주인공들은 좋은 기회를 잡아 큰돈을 벌게 되는데, 이들이 성공할 수 있었던 이유는 시드 머니를 잘 준비한 결과였다. 특히 시드 머니를 준비하는 과정에서 '투자가 무조건 잘될 것이다'라고 맹신하는 것이 얼마나 위험한지 깨닫고 있었다. 그래서 만약의 상황까지 철저히 대비하여 돈을 마련한 결과 실패하지 않았다.

'우리는 무엇인가를 몰라서가 아니라 무엇인가를 확

실히 안다고 착각하기 때문에 곤경에 **빠진다.'**

이 영화가 주는 메시지다. 인간의 본질을 알고 나를 아는 것, 그리고 어떤 질환과 증상을 아는 것이 이토록 중요하다. 그것이 해결의 시작점이기 때문이다.

▌해결책 1: 모호함 없애기

공포증의 정의는 비이성적인 두려움이다. 비이성적인 두려움은 모호함에서 비롯된다. 인간은 모호한 것을 위험하다고 생각하는 경향이 있다. 그래서 돈에 익숙해져야 한다. 돈을 벌었다고 말하는 부자들의 이야기를 '속물' 근성이라고 받아들이지 않도록 조심해야 한다. 이는 기본 중의 기본이다. 생각이 결과를 만든다는 사실을 명심하라.

돈에 대한 모호함을 없애고 싶다면 『바빌론 부자들의 돈 버는 지혜』, 『이웃집 백만장자』 등과 같은 책들을 가벼운 마음으로 읽길 바란다. 이를 통해 모호함을 해결할 수 있다.

▌해결책 2: 증상 알기

돈에 대한 두려움이 있으면 어떤 증상들이 나타나는지 알아야 한다. 이는 매우 중요한 일이다. 성공하는 사람들은 자기 자신에 대한 객관화가 잘되어 있다. 세상이 자신을 중심으로 돌아가야 한다는 생각과 행동이 자신에게 얼마나 치명적인 독이 되는지 매우 잘 알고 있다.

다음 증상을 가지고 있다면 돈 공포증이 있다는 걸 인정하고 해결책에 집중하면 된다.

- 생필품 확보에 목숨을 건다.
- 돈 관리를 싫어한다.
- 재테크를 떠올리면 힘이 빠진다.
- 돈 걱정이 병적으로 심하다.

▌돈 공포증을 대비하는 7가지 방법

1. 예산을 준비하라.

너무 당연한 이야기처럼 들리겠지만 이를 실행에 옮

기는 것은 전혀 다른 이야기다. 예를 들어 유학에 뜻이 있는 학생이 예산을 준비해야 한다면 진학하려는 학교, 학과, 체류 기간, 학비, 생활비 등을 모두 고려해야 한다. 높은 자기 이해도는 물론이거니와 명확한 목표 의식이 있어야 미리 준비할 수 있다. 그래야 아르바이트, 직장 생활과 같은 험난한 준비 과정 속에서도 목표를 이룰 때까지 버틸 수 있다.

예산을 준비한다는 것은 모든 상황에 대한 청사진을 미리 그려보는 일이다. 준비하고 실행에 옮기는 전반적인 과정에서 인생 경영 능력이 발달된다.

2. 비상 자금을 준비하라.

매달 자기 삶을 유지하는 것만도 쉽지 않을 것이다. 하지만 비상 자금을 준비하는 것은 또 다른 의미에서의 자기 통제력을 엿볼 수 있는 대목이다. 물론 금전적 지원이 가능한 집안에서 태어나면 가장 이상적이다. 그러나 그런 게 아니라면 꿈만 같은 얘기다. 대신에 그런 집안을 세우는 1세대가 될 수 있다. 이 영예를 얻을 수 있는 기회를 놓치면 안 된다. 그러므로 항시 비상 자금을 준비하라.

3. 자동 결제를 멈추라.

넷플릭스, 유튜브, 각종 멤버십 등으로 매달 자동 결제되는 것들을 점검하라. 그중에서 필요 없는 결제는 과감히 잘라내라. 한정된 시간 안에 이 모든 서비스를 누리기란 불가능하다. 계획성 없는 자동 결제는, 구독 경제라는 아름다운 이름을 빙자한 콘텐츠 중독이나 마찬가지다. 당신의 돈과 시간을 아끼라. 아낀 돈과 시간으로 생동감 넘치는 성장을 도모하라.

4. 대출을 두려워하지 말라.

대출이 있으면 안 된다고 생각하는 경우가 많다. 빚 없이 내 집을 마련할 수 있다면 더없이 좋을 것이다. 과도하지만 않다면 대출이 주는 순기능도 있다. 그 순기능을 잘 이용해야 한다. 능력과 책임감에 기반한 대출은 기회의 확장임을 기억하라.

5. 장기적 경제 계획을 세우라.

"만약 나무를 베는 데 한 시간이 주어진다면 나는 도끼날을 가는 데 45분을 쓸 것이다." 링컨의 말이다. 혁신적으로 꿈을 이루고 싶다면, 계획을 세워 주기적으로 목표를 점검하고 우선순위를 설정해야 한다. 특히 이 과정에 수반되는 모든 괴로움을 견디며 실천하는 데 집중해야한다. 이는 나무를 단칼에 베기 위해 도끼날을 가는 인고의 과정이다. 도끼날을 가는 일을 허투루 하지 않는다면 당신은 그 어떤 것이든 손쉽게 얻을 수 있을 것이다.

6. 돈 공부를 게을리하지 말라.

가장 중요한 대목이다. 돈에 대한 공부는 게을리하면안 된다. 책에서든 롤 모델에서든 돈에 관련된 내용을 탐색하라. 나는 내가 경제적으로 닮고 싶은 사람의 책과 강연은 빼놓지 않고 읽고 듣는다. 특히 뉴스나 칼럼, SNS 활동 등을 찾아 삶에 적용할 점을 정리한다. 이것이야말로 미래를 위한 투자다.

ULTRA BOX

공포증을 치료하는 방법

1. 공포증 인식, 극복하고 싶은 공포 대상이 무엇인지 적어보자.
예) 개가 무섭다. 돈이 두렵다.

2. '공포 대상' 하면 떠오르는 그림이 무엇인지 적어보자.
예) '개' 하면 어떤 것이 떠오르는지 적는다.

3. 2번의 공포 대상을 통해, 머릿속에 자동으로 떠오르는 스토리가 있다는 것을 인식한다. 그 이야기는 다른 사람이 아닌 나 자신의 이야기다. 앞으로 공포 대상을 보면 어떤 감정과 이야기를 떠올리고 싶은지 적은 후 스스로에게 들려준다.

예) 모든 개가 다 무서운 것은 아니다. 그중에는 귀엽고 사랑스러운 개도 있다. 개가 인간의 가장 친한 친구라는 말도 있듯이 나에게도 좋은 친구가 되어줄 것이다.

4. 공포 대상과 담을 쌓았다면, 공포 대상을 마주하고 3번에서 만든 새로운 이야기를 계속 상기하고 말한다. 당신이 이렇게까지 해야 하는 이유는 단 하나다. '삶의 진정한 주인이 되기 위해서!' 당신은 목표한 대로 계속 앞으로 나아가게 될 것이다. 이를 위해 공포 대상을 통제하라.

성공할 상황을 만드는 게
중요한 이유

성공한 사람들의 이야기를 듣고 나면 자연스레 이런 생각이 든다.

"나도 성공할 수 있을까?"

성공한 사람들이 대단한 일을 해낸 것은 분명하다. 하지만 그런 상황에 놓이면 누구라도 그렇게 할 수 있다.

1961년에 스탠리 밀그램이 한 실험을 했다. 피실험자가 버튼을 누르면 전혀 모르는 상대가 전기 충격을 느끼는 것이었다. 물론 진짜로 충격을 가하는 것이 아니라 충격을 받는 것처럼 연기할 뿐이었다. 실험 설정은 평범한 사람에게 버튼을 누르도록 누군가가 '권위'를 이용해서 명령한 것이었다. 피실험자는 매우 정상적인 사람들이었는데, 그들은 연기자의 고통스러운 비명을 듣고도 자신이 놓인 상황에서 버튼을 누르는 선택을 하였다. 이렇듯 인간은 상황에 따라 자신의 성격과는 다르게 선택하기도 한다.

상황은 누구나 오류를 쉽게 범하게 만드는 가장 기본적인 조건이다. 가령 친구가 매번 약속 시간을 지키지 않으면 그의 성격을 지적한다. 반대로 내가 늦을 때는 교통 체증이나 바쁜 일정 등 상황을 탓한다. 이렇듯 인간은 타인의 잘못된 행동에 대해서는 그 사람의 성격 결함을 이유로 들면서 나의 잘못된 행동에 대해서는 어쩔 수 없는 상황 탓을 하는 인지 오류를 범한다. 이를 원인과 결과를 잘못 인지하는 귀인 오류라고 한다.

실험 결과가 예상과는 너무 다르다고 낙심할 필요는 없다. 사람의 행동이 상황에 따라 달라질 수 있다는 사실은 오히려 매우 좋은 소식이다. 더 이상 당신이라는 사람의 됨됨이, 성격, 행동에 초점을 맞추어 자존감을 깎아내릴 필요가 없다는 뜻이기 때문이다. 심지어 아직 그럴듯한 성공이나 부를 이루지 못했더라도 괜찮다. 상황이 변하면 당신의 변화도 가능하다.

다이어트에 성공하고 싶다면 다이어트에 성공한 사람들로 가득한 모임에 들어가거나 바른 운동법과 식이 정보를 잘 아는 사람들 틈에 들어가야 한다. 고로 당신이 원하는 것을 제한 없이 원해도 되는 삶을 살고 싶다면, 최소한 그런 삶이 가능하다고 믿는 사람들에게 둘러싸여 있어야 한다. 이것이 상황을 조성하는 기본 방법이다.

상황을 조성하면 성공은 따놓은 것이나 다름없다. 성공으로 가는 길이 더 빨라진다. 만약 당신이 생각하는 것들을 실현한 사람들을 주변에서 보기 어렵다면, 이미 그것을 이룬 사람들을 책을 통해 만나는 것도 방법이다. 더 이상 당신의 성공을 의심하지 말라. 인간의 본질은 변화이며 누구나 성공할 수 있다. 당신도 마찬가지다.

인지 오류가 없다는 착각

 인간이 가진 인지 오류는 무엇이 있을까? 생각의 오류로 가볍게 나타나기도 하지만 감정과 엮여 신념이 되기도 한다. 가장 심각한 경우는 아래 두 가지다.

 1. 자신에게 인지 오류가 없다고 생각하는 경우다.
 2. 인지 오류를 무분별하게 받아들여 무의식중에 나를 제어하는 신념이 되었을 때다.

 2번의 경우가 가장 심각한데, 카를 융은 다른 사람의

경험을 통해 집단적 무의식을 물려받을 수 있다고 했다. 인간 심리에 대해 연구한 학자들의 인지 오류 자료를 읽고 스스로에게 꾸준히 적용하는 것인데, 이를 통해 자신 안에 있는 인지 오류를 줄일 수 있다. 성공하는 사람들은 자신의 인지 오류를 점검한다. 당신도 아래 인지 오류 목록을 통해 스스로를 점검하면 좋겠다.

• 확증 편향: 새로운 정보를 받아들일 때, 기존 신념에 맞추어 해석하려는 경향이다.

• 분쟁하는 기업가: 자신의 목적을 이루기 위해 높은 갈등을 이용하는 것이다.

• 충돌/갈등의 덫: 자신의 이익이 연관되어 있음에도 불구하고 사람들을 갈등으로 끌어들이는 것이다.

• 접촉 이론: 다른 그룹의 사람들이 특정한 조건에서 함께 시간을 보낸 후, 서로에 대한 편견이 적어지는 경향

이다.(친함 효과)

● 깨진 냄비: 실제 갈등의 원인은 B인데, 겉으로 보이는 원인은 A라고 여겨질 때 생기는 인지 오류다.(제3자의 눈에 보이는 내부자 간의 문제)

● 불쏘시개: 집단 정체성, 갈등하는 기업가, 굴욕, 부패 등 폭력에서 갈등을 폭발시키는 촉진제다.

● 좋은 갈등: 심각하고 격렬할 수 있지만 어딘가 유용한 곳으로 이끄는 마찰. 비인간화로 무너지지 않는다.(건강한 충돌)

● 심한 갈등: 심한 갈등에 걸린 사람들은 모든 에너지가 고갈되고 계속해서 나쁜 쪽으로만 상황이 전개된다. 집단 간 갈등이 있을 때가 이에 해당한다.

● 굴욕: 강제적이고 공개적인 깎아내림, 존엄성 훼손,

자존심 또는 지위의 상실. 높은 갈등과 폭력으로 이어질
수 있다.

- 어리석은 운전자의 오류(귀인 오류): 다른 사람의 행
동에만 초점을 맞추어 그들의 행동이 본질적 성격 결함
때문이라는 결론에 이르게 됨. 반면 나의 잘못된 행동은
특정 상황 탓이라고 돌리는 경향이다.

- 의사소통 오류: 무언가를 제대로 소통하지 않았음
에도 불구하고 무언가를 소통했다고 믿는 인지 오류다.

- 이분법식 사고: 자신이 처한 현실을 직시하거나 어떤
선택을 할 때 다양하고 복잡한 요소들을 따져보지 않고 간
단하게 두 가지로 줄이는 매우 위험한 사고 과정이다.

- 편 나누기: 갈등이 고조되었을 때, 누가 어느 그룹에
속해 있는지 빠르게 알아보려고 헤어스타일, 패션 스타
일 등으로 사람을 나누는 피상적인 방법이다.

▎인지 오류를 줄일 3가지 인생 툴

1. 되묻기: 듣는 사람이 제대로 들었는지 다시 묻는 능동적 듣기 기술. 한 번에 찰떡같이 알아듣는 것은 어려운 일이다. 소통 과정에서 상대가 원하는 것을 알아내기 좋다.

2. 마법 비율: 관계를 통해서 어떻게 안정을 얻을 수 있는지 연구하는 심리학자 존 가트맨의 연구에 따르면, 결혼한 커플들은 5:1 비율로(긍정적 상호작용 5, 부정적 상호작용 1) 상호작용을 했을 때 갈등에 대한 완충제 역할을 만들고 건강한 관계를 만들 수 있다. 5:1 비율을 유지하는 이유는 다름 아닌 관계 속에서 일어날 수 있는 갈등에 대한 예방책이다.

3. 우물 밖에서 행동하기: 대부분 인간은 갈등을 겪을 때 다음 세 가지 중 하나를 선택한다. '도망가거나 싸우거나 침묵하기'

위 세 가지 방법만이 갈등을 해결하는 유일한 방법은 아니다. 이 틀을 깨는 네 번째 방법이 있다. 바로 우물 밖에서 생각하기다. 갈등을 '겪음'으로써 정면 돌파하는 것이다.

ULTRA BOX

현대 삶에서 나를 죽이는 생각

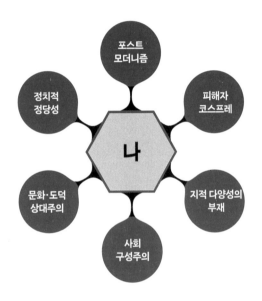

제시된 여섯 가지 조건은 인간을 연구하는 석학들이 말하는 나를 죽이는 생각이다. 이를 기준으로 스스로를 관찰했을 때, 자신이 어떤 생각과 사상, 이데올로기에 노출되어 있는지, 어떤 생각을 옳다고 생각하며 믿고 있는지 적어보라. 이는 당신을 알아가는 데 중요한 열쇠가 될 것이다.

2부

울트라셀프
ON

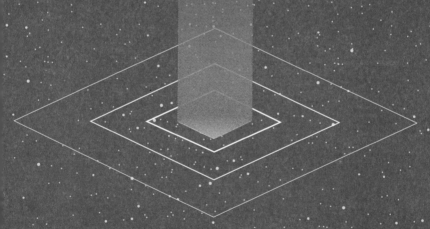

ULTRA SELF

지금 당장 감옥에서 탈출하라

| 울트라셀프란?

울트라셀프는 진짜 '나'라고 생각했던 어제의 나를 뛰어넘어 스스로 속박한 '감옥'에서 빠져나오는 법을 말한다.

울트라셀프를 하게 되면,

첫째, 스스로 만든 감옥에서 나와 내 안에 잠재력을 최대로 끌어 쓸 수 있는 상태가 된다.

둘째, 기존의 내가 상상조차 하지 못한 일들에 눈을

뜨고 전혀 다른 사고를 하게 된다.

셋째, 무한한 가능성이 있다는 사실을 알게 되고 모든 것은 시간문제임을 깨닫게 된다.

넷째, '모 아니면 도' 식의 사고에 갇혀 있었다는 것을 알게 되고, 세상의 이치는 '균형'에 있음을 알게 된다.

글을 읽고 쓸 줄 아는 사람이라면 누구나 울트라셀프가 가능하다. 하루하루 조금씩 나아지는 것을 목표로 해서는 절대로 삶이 바뀌지 않는다. 주전자에 있는 물을 끓이려면 추운 몸을 녹일 정도의 적당한 열기로는 안 된다. 100도가 넘는 열에너지가 있어야만 물을 팔팔 끓게 할 수 있다.

삶이 적당히 나아지는 정도로는 물가 상승률보다 뒤떨어진 삶을 살게 될 확률이 매우 높다. 당신의 행동은 절대로 당신의 생각을 넘어서지 않으며, 당신의 생각은 당신의 감정을 넘어서지 않는다.

지금 당신이 느끼는 '나'를 뛰어넘어

'울트라셀프'가 되기 위해서는

물을 끓게 만드는 아주 뜨거운 열처럼

'나'를 끓게 할 매우 강력한 힘이 필요하다.

이 힘은 이미

당신 안에 잠재되어 있으며

울트라셀프를 통해 얻을 수 있다.

▌심리학자들이 말하는 인간의 본질

흔히 음악을 세계적인 언어라고 이야기한다. 아름다운 음악은 언어와 문화를 뛰어넘어 감동을 줄 수 있기 때문이다. 마찬가지로 인간의 본질에 대해서도 세계적으로 통하는 진리가 있다.

『울트라셀프』를 읽으면서,

'어, 내가 아는 내용이랑 비슷한데?', '어, 어디선가 들어본 것 같은데?'라고 생각하면서 각자에게 익숙한 배경

지식과 견주어보는 사람들도 있을 것이다. 분야별 전문가나 경험이 많은 사람들도 이와 같이 이야기한다. 한 분야에 오래 심취하고 많은 지식을 실전에 적용해 경험치가 쌓이면, 공식화할 수 있는 '이치'에 다다를 수 있다.

사실 인간 본성과 내면 세계에 대한 진리 탐구는 이미 성공한 사람을 비롯해 과학자, 종교 지도자, 심리학자, 사상가, 철학가들도 고민했던 부분이다. 자신 안에 다양한 생각과 감정이 혼재되어 있음을 자각을 통해 깨달은 후, 그것들이 무엇인지에 대해 오래 고민했다. 만약 이 책을 읽는 당신이 이러한 본질적인 고민을 한 번이라도 했다면, 그들과 같은 산을 등산한 것이다. 단지 정상에 올랐는지 중턱에 머물렀는지 그리고 초입에서 멈췄는지의 차이만 있을 뿐이다.

나 역시 세상에 떠도는 수많은 지식을 듣고 있노라면, 한 프레임 안에서 비슷한 내용을 반복해서 이야기하고 있다는 생각이 들었다. 마치 새장에 갇힌 새가 된 느낌이었다. 그래서 모두에게 적용이 가능한 우주의 진리 Universal Truth가 궁금해졌고 그것을 정리해 집대성하겠다고 마음먹었다. 그 과정에서 기존의 통념과 익숙한 사회경제체제와 반대되는 개념을 말하는 지젝 같은 사람들의 콘텐츠를 만들기도 했다.

인간 내면의 복잡함과 오묘함에 대해 분야별로 탐구한 사람들의 목록이다.

● 심리학자

장 마르탱 샤르코, 피에르 자네, 윌리엄 제임스, 지크문트 프로이트, 알프레드 비네, 카를 구스타프 융 등

● 과학자

인지 과학자, 대니얼 카너먼, 더글러스 호프스태터, 마빈 민스키, 로버트 온스테인, 댄 시겔, 데이비드 이글먼 등

- 철학자

플라톤, 데이비드 흄, 비숍 버틀러, 프리드리히 니체, 앨프리드 노스 화이트헤드 등

- 동기부여가

지그 지글러, 토니 로빈스, 닉 부이치치, 잭 캔필드, 짐 론, 브라이언 트레이시 등

- 소설가

루이스 캐럴, 랠프 월도 에머슨, 칼릴 지브란, 헤르만 헤세, 아나이스 닌, 마르셀 프루스트, 살만 루슈디, 로버트 루이스 스티븐슨, 버지니아 울프 등

- 종교

유대교, 기독교, 고대 이집트 종교, 힌두교 등

"인간 내면에는 다양한 씨앗이 심어져 있어 '한 가지 버전' 이상의 '나'가 가능하다."

분야별 전문가들의 삶과 지식을 탐구한 결과, 그들이 말하고자 했던 핵심 메시지 중 하나는 바로 이것이었다. 다시 말해 바로 지금의 '나'는 과거의 경험과 지식으로 심은 씨앗에서 파생된 존재라는 것이다.

나는 이것을 깨닫고 엄청난 전율을 느꼈다. 우리가 사는 세계를 움직이는 다양한 지식과 이론 그리고 진리 등을 어떠한 방식으로 어떻게 취사선택하느냐에 따라 인간은 무한대로 성장할 수 있다. 정말 놀랍지 않은가? 특히 내면에 어떤 씨앗을 심느냐가 한 사람의 인생을 송두리째 바꿀 수 있다.

그런 의미에서 가능성이 없다고 여긴 비루한 인생조차도 변화될 수 있다. 살다 보면 듣게 되는 기적의 소식, 노숙자가 대부호가 되었다든지 월급쟁이가 건물주가 되었다는 식의 이야기가 이와 같은 맥락이다.

인간 내면의 세계를 탐구해 진리의 정상에 오르면 전혀 다른 풍경이 보인다. 산 아래에서는 모든 산이 극복하기 어려워 보인다. 하지만 정상에 오르면 감정이 달라지고 감정이 달라지면 생각이 달라져 행동마저 달라진다.
이는 인생이 완전히 바뀐다는 말이다.

당신은 앞으로
어떤 씨앗을 심을 것인가?
청사진을 한번 그려보자.

명상으로 감정을 바꾸라

이 책을 통해 명상을 처음 접한다면, 우선 당신의 모든 선입견을 내려놓길 바란다. 울트라셀프의 가장 큰 걸림돌은 예전에 심은 나에게서 만들어진 선입견이다.

이제는 의학 기술의 발달로 웬만한 질병이나 수술은 약물 치료가 가능해졌다. 하지만 스트레스로 인한 자신만의 특별한 질병이나 정신질환은 여전히 선진국에서도 문제가 된다. 그래서 더 나은 삶의 질을 위해 주목하고 있는 부분이 바로 변연계다. 그렇다면 어떻게 변연계에 변화를 일으키고 다른 감정을 느낄 수 있을까?

정답은 '느낌'에 있다.

실제 노인들을 대상으로 한 실험을 통해 유의미한 결과를 도출했다. 노인들에게 현재 나이보다 스물두 살이 젊어졌다고 느낄 정도의 상황을 설정했다. 그러자 그 설정 안에서 춤을 추며 말 그대로 '나이를 잊고' 놀았다. 그 결과 지팡이를 짚던 노인이 지팡이를 버리고 축구를 할 수 있게 되었다. 심지어 아이큐도 60%나 향상되었다.

또 다른 실험에서는 스트레스를 많이 받은 사람들에게 6주 동안 호흡에만 집중하는 명상을 하라고 했다. 그 결과 1561개의 새로운 유전자가 활성화되었다. 누군가는 책을 읽어도 변화가 없지만, 다른 누군가는 책을 읽고 즉시 변화되어 삶의 궤도가 달라지기도 한다. 이는 '느낌'의 역할에 대해 다시금 생각해야 할 핵심 주제다.

성공한 사람들은 다양한 미디어를 통해 이렇게 말한

다. "누구나 부자가 될 수 있다." 이 말에 대한 내적 느낌의 반응은 크게 두 가지다. '말 같지도 않은 소리 하네!' 또는 '맞아. 듣고 보니 나도 그렇게 될 수 있어!' 두 반응이 불러올 결말은 예상하기 어렵지만, 적어도 두 반응이 어떤 행동을 불러일으킬지는 쉽게 예상할 수 있다. 노인들에게 스물두 살이 젊어졌다고 말했을 때, 진짜 그것을 사실처럼 느끼고 행동한 사람들의 결말이 극적이었던 것처럼 말이다.

내가 강조하고 싶은 것은 이런 일들이 당신에게도 일어날 수 있다는 사실이다. 뇌는 현실과 공상을 구분하지 못한다. 뇌가 상상에서만 가능한 일을 현실에서 나타내려면 방법은 하나밖에 없다. 바로 느낌을 달리해 줘야 한다. 이는 명상으로 가능하다.

내가 주로 느끼는 감정의 감옥에서 해방되고 싶다면 명상에 답이 있다. 많은 사람이 명상이라고 하면 수련원에 들어가 배우는 특정 행위라고 생각한다. 하지만 그것은 생각과 거리가 멀다.

명상에서 둘째가라면 서러울 달라이 라마를 인터뷰하며 '명상이 인간에게 미치는 효과'에 대해 연구한 리처드 데이비슨 교수가 있다. 그는 동료인 대니엘 골먼과 함께 명상 효과에 대해 강연한 적도 있다. 나는 그를 인터뷰하며 명상이 주는 최대 효과에 대해 큰 깨달음을 얻을 수 있었다.

명상Meditation은
'친숙화'라는 의미를 담고 있다.
무엇과 친숙해질 것인지는 당신이 정해야 한다.

이는 이 책의 1부에서 말한 성공Success의 어원과도 매우 닮았다. 무엇을 바짝 쫓으며 가까워질 것인지는 명상으로 가능하다. 아무 생각이 없는 사람은 없다. 정말 아무 생각이 없어도 '아무 생각 없다'라는 생각을 하고 있는 것이다. 누구에게나 머릿속에 계속 맴도는 생각이 있는데 자신도 모르게 그 생각을 느낀다. 이것이 바로 명상이다.

명상은 인류 역사와 함께한 매우 오래된 실천법이며, 이를 닦는 행위보다 더 오래되었다. 이 책을 읽다가 오늘 저녁에 무엇을 먹을지를 잠시 고민했다면 그것도 명상이다. 당신이 느낀 음식이 저녁상에 올라오는 경험을 하게 될 테니 말이다.

명상의 두 가지 종류

명상이 무엇인지 조금이라도 경험해 본 사람은 명상의 종류가 많다는 걸 알고 있을 것이다. 마음 챙김, 요가, 정신 치료의 갈래에서 많은 명상법이 존재하나 그 성격상 두 가지로 요약된다.

명상 1 그리고 명상 2(울트라셀프 명상)

일반인의 머릿속에 있는 명상은 명상 1이다. 명상 1은 소극적인 형태의 명상이다. 조금 더 나은 감정 상태, 행복도 상승, 마음 치유를 목적으로 접근하는 경우가 여기에 속한다. 명상을 막 시작한 사람들은 소극적 명상법을 통해 적극적 명상(울트라셀프)에 진입할 수 있다.

명상 2의 수준에 도달하는 게 우리의 궁극적인 목적이나 명상 1을 하는 것만으로도 외부 요소에 흔들리지 않는 마음의 평화를 얻게 된다. 명상 1을 하면 마음이 불편해지거나 화가 치밀어 오르더라도 금세 사그라든다. 이것은 일상뿐만 아니라 인생의 전체적인 면에서 명상이 중요한 이유다.

내가 유튜브 콘텐츠로 한번 다룬 내용이지만, 서양에서 대부분의 성인들이 가지고 있는 허리 병의 원인은 스트레스다. 스트레스가 만병의 근원이라는 말이 허리 관련 질환에도 그대로 적용된다. 스트레스는 명상으로 관리할 수 있다. 이는 마음뿐만 아니라 육체의 병도 없앨 수 있다는 의미다.

┃ 명상하는 법

● 레벨 1 루틴

명상하기 가장 좋은 때는 기상 직후다.

1. 오전에 잠에서 깨자마자 침대에 누운 상태로 눈을 감으라.

2. 눈을 감은 상태로 눈썹과 눈썹 사이에 초점을 맞추고, 코로 천천히 호흡하라.

3. 이 상태에서 천천히 1부터 120까지 숫자를 세라.

4. 약 10~15분간 유지하는 것이 모닝 루틴이다.

5. 이 루틴을 30일 동안 지속하면 된다. 익숙해지면 명상 시간을 줄여도 좋다.

명상 1을 모닝 루틴에 옮길 때,

반드시 다음의 글을 머릿속에 떠올려야 한다.

"나는 이 명상을 통해 깊은 잠에서 깨어나고, 그 어느 때보다 맑고 선명한 의식을 갖게 된다."

• 레벨 2 루틴

오전에 레벨 1 루틴을 진행하면서 받았던 느낌을 기억하라. 오전에 명상을 하지 않았더라도 괜찮다. 언제 어디서든 레벨 1 루틴을 할 수 있다.

레벨 2 루틴은 소파에 앉거나 가부좌를 틀고 실행하면 좋다. 아예 바닥에 누운 채로 시작해도 된다. 이때 보디 스캔Body Scan 명상을 진행하라. 보디 스캔 명상은 눈을 감은 상태에서 머리끝부터 발끝까지 각 신체 기관을 깊게 느끼는 명상법이다.

이 명상은 눈을 감을 상태에서 신체 부위 하나하나를 느끼는 것이 핵심이다. 이것을 하는 목적은 고급 레벨에서 다루게 될 시각화를 위해서다. 내 몸을 손대지 않고도 상상하고 느낄 수 있다면 그다음 단계로 넘어갈 수 있다.

보디 스캔 명상도 30일 동안 지속하면 된다. 레벨 1 루틴처럼 반드시 아침에 할 필요는 없으나 10~15분을 채운다는 목표로 하루 중 편한 시간을 고르면 된다. 보디 스캔 명상을 하며 눈물을 흘리거나 환희에 가득 차는 등 새로운 경험을 하게 될 것이다.

조금 더 세부적인 도움이 필요하다면 'UCLA Health' 홈페이지에 있는 보디 스캔 명상 콘텐츠를 참고하길 바란다. 홈페이지 접속한 후 우측 상단의 돋보기 배너를 눌러 'Guided Meditations'를 검색하면, 해당 프로그램이 나온다. 클릭 후 한국어 콘텐츠를 찾아 활용하면 된다.

사진 한 장이
백 마디 말보다 낫다

인간에게는 세 가지 요소가 있다.

'의지, 생각, 상상력'

그런데 아무리 의지를 불태워도 계획을 끝까지 실천하지 못하는 경우가 많다. 그 원인은 무엇일까? 자신의 의지에 생각과 상상력이 나아갈 방향을 제시하지 못했기 때문이다.

경제적 자유를 위해 읽어야 할 책으로 자주 언급되는 『부의 추월차선』의 저자 역시 이를 경험했다. 아무 생각과 꿈도 없이 철없는 인생을 살던 저자는 아이스크림을 사러 가게에 들렀다. 그리고 가게 앞에서 멋진 고급 스포츠카를 소유한 차주를 마주하게 된다. 저자의 생각과는 다르게 스포츠카에서 내린 사람은 워런 버핏 같은 노인이 아니라 매우 젊은 사람이었다. 그 차주와의 만남 이후로 저자는 인생에서 단 한 번도 생각하지 않았던 것을 상상하게 된다.

"저런 삶이 현실에서도 가능한 삶이었구나!"

머릿속에 원하는 모습을 그림으로 그리면, 자신도 모르게 그 그림의 현실성을 생각한다. 그리고 현실을 맞이할 준비를 하게 된다. 놀랍게도 성공한 사업가들은 모두 이 방법을 사용한다. 내가 만난 세계적인 석학들도 생각과 상상의 위대함을 극도로 치켜세웠다.

- 한 해를 시작하면서 성공한 자신의 모습을 상상하며 성공한 사람이 된다.
- 상대방의 반응을 미리 상상하고 그 일이 현실이 되게 할 수 있다.
- 내 삶에 우려되는 상황 역시 미리 상상하면 그 일이 닥쳤을 때 웃으면서 미리 준비한 카드들을 꺼낼 수 있다.
- 만약 머릿속에서 미리 그린 그림이 '위험 상황'이라면 그 상황을 미리 그리고 어떻게 준비해야 할지 알 수 있다.

이 모든 걸 포함한 것이
바로 울트라셀프 명상법이다.

| 시각화 실전 팁

상상만으로 머릿속에서 이미지를 만드는 것이 처음에는 어려울 수 있다. 하지만 불가능한 일이 아니므로 효과적인 시각화를 위해 다음의 실전 팁을 참고하라.

요즘에는 무료 이미지가 많다. 우선 본인이 상상하는 삶에 가장 가까운 이미지를 검색하라. 필요하다면 유료 이미지를 구매해도 좋다. 이는 성공으로 가기 위한 아주 작은 투자다. 그리고 이 그림을 인쇄해 당신의 생활 동선 곳곳에 붙여라. 시선이 가는 곳에 이미지가 보이도록 상황을 조성하는 게 중요하다.

인물을 찾아 그 사람의 행적을 정리하는 것도 효과적이다. 마땅히 떠오르는 인물이 없거나 좀 더 야심찬 꿈을 가지고 있다면, 포브스(forbes.com/billionaires)에서 롤 모델이 될 만한 부자들을 찾아도 좋다. 해당 웹페이지에는 전 세계 부자들의 순위, 국가, 산업, 분야가 상세히 정리되어 있다.

1. 훑어보기

가벼운 마음으로 어떤 사람들이 어느 분야에서 얼마의 돈을 벌었는지 보라. 기본 언어가 영어로 되어 있으나 겁먹지 말라. 구글 크롬에서 웹페이지를 열어 마우스 우클릭을 한 다음, '한국어로 번역하기'를 누르면 우리말로 볼 수 있다.

2. 체크하기

순위와 자산 규모만 확인하지 말고 그들이 어떤 분야에서 돈을 벌었는지를 파악하는 게 중요하다. 당신이 어떤 분야에서 어떻게 활약하고 싶은지 구체적으로 상상하라. 구체적이면 구체적일수록 미래가 선명해진다.

3. 스토리와 인터뷰 읽기

리스트에서 눈이 가거나 감각적으로 끌리는 사람을 클릭하면, 'Full Profil'이라는 파란색 배너가 나타난다. 배너를 클릭하면, 그 사람의 활동 분야와 활약을 조금 더 자세히 볼 수 있다.

물론 여기서 그치지 말고 그 사람을 영적 스승으로 삼고 알고 싶다는 마음을 증폭시키는 게 중요하다. 그 부자의 이름이나 회사명을 따로 검색해 보면 좀 더 자세한 이야기를 알 수 있다.

그 이야기를 통해

어떻게 부자가 되었는지

어떤 생각을 가지고 있는지

어떤 철학을 지녔는지 배울 수 있다.

또한 유튜브에 '인물 이름+lifestyle'로 검색하면, 그 인물의 집, 자동차, 자산 등을 다룬 콘텐츠를 확인할 수 있다. 예를 들어 '일론 머스크 lifestyle'이라고 검색하면 그 사람이 어떤 집에 살고 있는지 무엇을 소유했는지 등을 자세히 알 수 있으니 참고하라.

4. 시각화

앞의 과정을 통해 구체적으로 부자들이 누구이며 어떤 집과 차, 자산을 가졌는지 확인했다면, 해당 이미지를 인쇄해서 보이는 곳에 두어야 한다. 많으면 많을수록 좋다. 당신의 모든 집중력과 몰입의 에너지를 한데 모으기 위한 장치라고 생각하면 이해하기가 쉬울 것이다. 이는 당신의 생각과 상상력을 키워주고 지속적으로 의지를 불태울 수 있도록 도울 것이다.

▎시각화의 뇌과학적 이해

시각화는 성공을 미리 재현하고 목표에 몰입할 수 있도록 돕는 훌륭한 도구다. 뇌과학적 측면에서 시각화는 악몽을 꾸는 사람들에게 치료법으로 쓰이기도 한다. 사람이 악몽을 꾸게 되는 것은 내가 두려워하는 존재가 실체화되어 꿈속에 나타나기 때문이다. 따라서 그 존재를 마주해 무력화시키는 방향으로 문제를 해결해야 한다. 머릿속에 스토리를 미리 그려서 시각화하는 것이다.

예를 들어 뱀에게 잡아먹히는 꿈을 계속해서 꾼다면, 알고 보니 뱀이 손가락 굵기의 작은 뱀이었다고 시각화하는 것이다. 만약 당신이 새로운 것을 시도하고, 성공하고 돈을 버는 것에 대한 큰 두려움을 갖고 있다면, 그 두려움을 무력화시킬 목적으로 시각화를 이용해 보는 것도 도움이 될 것이다. 물론 이 방법으로 두려움을 없앨 수 없다면 전문가를 찾아 상담을 받는 것이 좋다.

울트라셀프 명상법

　이 책에 들어서며 나는 당신에게 단 하나를 주문했다. 바로 예전의 나에게서 생긴 선입견인 '숨은 난쟁이'를 버려달라는 주문이었다.

　사실 내가 지금까지 말하지 않은 게 있다. 이 시점에서 밝히기 위해 꾹꾹 참았다. 그것은 바로 당신 안에 이미 울트라셀프가 존재한다는 사실이다. 아직 그 스위치를 어떻게 켜는지를 모를 뿐, 비스트셀프인 당신이 울트라셀프 모드에 진입한 경우는 이미 수차례나 될 것이다.

당신이 인생에서 경험한 크고 작은 성취와 성공들, 그것은 소위 말하는 '운'으로만 가능했던 일이 아니다. 그 어떤 성취와 성공도 노력과 몰입 없이는 불가능하다. 설령 그런 것이 있다고 하더라도 비스트셀프 상태에서는 무의미하다. 아무리 성취와 성공을 거머쥔다고 한들 동물적인 본능에 굴복당한 상태에서는 다음 단계로 나아가질 못하기 때문이다. 도리어 성공의 단맛에 빠져 삶을 좀먹을 확률이 크다.

고로 인생을 역전시킬 성공을 원한다면
지금부터 말하는 울트라셀프 명상법에
집중하길 바란다.

| 원하는 것을 그려내는 명상

적극적인 명상법(레벨 2 루틴)을 통해 일반인이 6~7년 정도 걸릴 만한 일을 8개월 만에 해낸 사업가를 만난 적이 있다. 그 사업가는 자신에게 잠재되었던 능력을 찾았다는 사실에 매우 기뻐하고 놀라워했다. 너무 기쁜 나머지 이번에는 아들과 함께 울트라셀프 명상법을 배우려고 오프라인 모임에 참석했다. 세상에서 가장 아끼고 사랑하는 자녀를 데리고 왔다는 것, 이게 무엇을 의미하는지 당신은 이해할 것이다.

명상 2인 울트라셀프 명상은 명상 1과 성격이 다르다. 이미 있는 것을 느끼는 일에 그치지 않고 당신이 원하는 모습을 그려내는 명상이기 때문이다. 원하는 자산의 액수, 최고가 된 자신을 먼저 상상하는 것은 우리에게 익숙한 사고법을 완전히 거스르는 행위다.

많은 사람에게 익숙한 것은 최악의 상황이나 마음속 우려가 현실로 나타나는 상황이지 최고의 상황을 상상하기란 쉽지 않다. 그러나 뇌는 옳고 그름을, 현실과 공상을, 좋고 나쁨을 구분하지 못한다. 뇌는 당신이 상상하는 것을 그대로 따를 뿐이다.

바로 이 점 때문에

먼저 마음속의 불안을 가라앉힐
명상 1이 선행되어야 한다.

자리에 가만히 앉아 눈을 감고 당신의 몸을 느낄 수 있게 되었다면, 다음으로 해야 할 일은 최고의 삶이 펼쳐지는 모습을 상상하는 것이다. 머릿속 이미지를 떠올리는 노력이 중요한 이유가 여기에 있다. 상상하기조차 어려운 최고 버전의 자신을 머릿속에 그리기가 어렵다면, 인생에서 가장 행복했던 순간을 기억해 내려고 애쓰라. 행복했던 순간과 감정에 몰입하는 것은 상대적으로 쉽다.

눈을 감고 지금의 감정 상태로 눈썹과 눈썹 사이에 하얀 도화지를 띄우라. 거기에 가장 간단한 사물을 그리는 연습부터 해보자. 예를 들면 바나나부터 그려보자. 원하는 이미지를 머릿속에 떠올리는 것이 가능해졌다면 실전으로 넘어가자.

대부분의 사람이 삶에서 고통받는 이유는 해결하지 못한 문제들 때문이다. 그중 하나가 돈과 관련된 문제라는 사실에는 공감하는 사람이 많을 것이다. 명상을 통해 내가 가진 문제를 해결하려면 두 가지 시나리오를 준비 해야 한다.

• 시나리오 #1: 최악의 상황 그리기

머릿속 도화지에 내가 가진 삶의 문제를 최대한 자세 하게 떠올린다.

• 시나리오 #2: 최고의 상황 그리기

시나리오 #1 상황이 그려진 도화지의 오른쪽에 새로 운 도화지를 준비한다. 새로운 도화지에 당신이 가진 모 든 문제를 해결한 그림을 그린다. 문제 해결의 방법을 상 세히 알고 있다면 그것까지 포함하여 그려라.

자, 이제 모든 준비는 마쳤다.

머릿속에서 오른쪽에 그려두었던 '최고의 시나리오' 가 왼쪽의 '최악의 시나리오'를 덮고 있다고 상상하라.

최고의 시나리오가 최악의 시나리오를 대체하는 일이 한 번에 일어날 수도 있지만, 매우 천천히 일어나는 경우도 있다. 이런 경우에는 최고의 시나리오의 어떤 부분이 현실에 적용되었는지 체크하고, 그 지점부터 다시 울트라셀프 명상을 시작하면 된다.

최악의 상황		최고의 상황

울트라셀프 명상법이 숙련되면 어떻게 될까? 최악의 상황이 최고의 상황으로 흐르는 나만의 멘탈 무비를 제작할 수 있다. 그것도 더 빠르고 완벽하게 말이다.

┃울트라셀프(초자신)가 필요한 이유 : 효과

울트라셀프(초자신)는
두려움, 결핍, 피해 의식이 없는 상태다.

실험 정신을 가지고 계속 도전하지만 아이들과 같이

순수하기 때문에 그 어떤 부정적인 영향에도 절대 반응하지 않는다. 원하는 목표를 이룬 사람들은 모두 이런 생각과 마인드를 가지고 있다.

문제는 울트라셀프에 이르려면 기존에 내가 가지고 있던 나의 모습들을 버려야 한다는 점이다. 그런데 이 과정은 말처럼 간단하지 않다. 어떤 면에서는 매우 쉽고 간단하지만 과거의 나를 꽉 움켜쥐고 있는 이상 실천하기가 어렵다. 아무리 성장에 도움이 되는 이야기여도 그 말을 타인의 입을 통해 듣게 순간 자기방어 본능이 발동하기 때문이다.

성공과 거리가 먼 방법과 사고방식으로 삶을 살고 있다는 걸 본인이 더 잘 알면서도, 성공 마인드와 사고방식을 논하는 걸 부담스러워한다. 심지어는 마치 공격을 당하는 사람처럼 가드를 힘껏 세운다.

울트라셀프가 된다는 것은 어릴 때부터 가지고 있던 오래된 생활방식과 사고방식을 뛰어넘어 성공할 수밖에 없는 상태로 만드는 것이다. 자기 자신과 싸워 자기를 뛰어넘는 게 핵심이다. 이 과정에서 내가 나라고 강하게 믿고 있는 것, 생각, 관념, 문화를 떼어내야 한다. 이때 자신의 일부가 없어지거나 과거의 나를 부정하는 느낌이 들어 괴로울 수 있다.

하지만 당신이 진정으로 원하는 삶을 위해서는 인간본질에 대한 이해, 무엇보다 당신 자신에 대한 통찰이 필요하다. 이는 초자신을 통해 가능하며 이 본질을 깨달은사람은 행동하지 않을 수 없다. 자신의 삶을 성공적으로이끌 수밖에 없다는 말이다.

울트라셀프의 세 가지 원칙

울트라셀프 명상의 기본 원리는 단순하다. 신의 입장을 이해하고, 신의 대리인처럼 행동하라는 것이다. 신과 동등한 존재는 될 수 없겠지만 명상(친숙화)을 통해 신의 입장에서 사리를 분별할 수 있다는 얘기다. 그러기 위해서는 다음의 세 가지 원칙을 만족해야 한다.

첫째, 내가 간절하게 원해야 한다.

인간의 뇌는 일종의 전자 제품과 같다. 생각할 때 뇌에서 전류가 흐른다. 혹자는 이것을 주파수라고 표현하기도 한다. 눈에 보이지 않지만 대기 중에 흐르는 전파를 받으면 라디오나 TV가 켜지는 것처럼, 인간의 생각도 같은 원리로 작동한다.

나는 이것이 정말인지를 테스트하려고 집 근처 공원에서 야구하는 아이들의 주변을 거닐었다. 그들을 쳐다보지 않고 이런 생각을 했다. '야구공이 방망이에 잘못 맞아 야구공이 화단으로 떨어진다.' 그렇게 생각하자마자 야구공이 눈앞 화단에 떨어졌다. 나조차도 상식적으로 이해하기 어려운 일이지만, 실제로 일어난 일임에는 추호의 거짓도 없다.

울트라셀프도 같은 원리다. 내 삶에 펼쳐지길 바라는 결과들을 머릿속에 그리라. 생각과 의지를 집중시켜 간절하게 원하라. 다시 한번 강조하지만 '간절하게' 원해야 한다.

둘째, 내가 간절하게 원하는 일을 믿으라.

내가 바라는 일들이 삶에 일어날 것이라는 사실을 믿어야 한다. 유튜브를 처음 시작했을 때, 나는 세계적인 베스트셀러 작가나 대부호, 그리고 박사들을 만나게 되리라고는 생각조차 하지 못했다. 하지만 나는 그들을 만나는 순간을 간절하게 원했고 실제로 그렇게 될 것이라고 믿었다. 내 삶을 바꾸려면 주체성을 기반으로 몰입해야 한다고 강하게 생각했다. 그 결과 『10배의 법칙』을 쓴 10조 사업가 그랜드 카돈과 인터뷰하게 되었다.

단, 조건이 있다면 내가 간절히 원하는 일들이 상대방과 사회에도 상식선에서 도움이 되는 일이어야 한다는 것이다. 음식을 파는 사장의 입장에서 이미 배부른 사람에게 자신의 음식을 사 먹으라고 강요할 순 없는 노릇 아닌가.

셋째, 문제를 일으키는 사람이 되지 말라.

내가 원하는 것을 기대하고 믿는 행위가 환경오염을 일으키는 원인이라면, 그런 일은 일어나지 않는 편이 더 바람직하다.

울트라셀프 명상의 성격상 이런 일들은 기대할 수 없다. 문제를 야기할 수 없다는 의미다. 지구상 이런 성격을 가진 민족 중 하나가 유대인이다. 유대인들은 고부가 가치의 사업을 통해 큰 부를 창출한다. 하지만 이들에게는 철칙이 있는데 도덕적으로 선을 넘으면서까지 돈을 벌지 않는다는 것이다.

최고 버전의 나는 더 높은 지능, 준비성, 풍성한 자원을 바탕으로 자기 자신, 주변 사람, 나아가 사회를 윤택하게 할 수 있다. 책을 아무리 많이 읽고 유명한 강연을 숱하게 들어도 삶이 변하지 않는 근본적인 이유는 무엇일까?

위 세 가지 원칙을 지키지 않거나
자신에게 적용될 것이라는 기대가 없기 때문이다.

당신의 감정을 이해하라

┃감정의 이해 1: 중독

아이디어 하나로 사업화해서 돈을 벌고 성공할 수 있다면 당신의 중독도 끊어낼 수 있다.

초콜릿에 강한 중독 증세를 보이는 사람을 예로 들어보자. 초콜릿 자체가 주변에 없다고 해서 중독의 근본적인 원인이 해결되는 것은 아니다. 결핍 상태에서 초콜릿을 보게 되면 파블로프의 개처럼 무의식적으로 반응하게 된다. 변화를 위해서는 무의식 속에 설치된 프로그램을 바꾸어야 한다. 그럼 어떻게 무의식을 바꿀 수 있을까? 말로? 생각 전환으로?

인간의 무의식은 감정과도 깊이 연관되어 있기 때문에 생각 전환만으로 뿌리를 뽑기란 어렵다. 생각을 전환하는 것은 마치 울면서 떼쓰는 아이의 정서를 환기시키는 것과 비슷하다. 우는 아이에게 그럴듯한 이유를 설명하면 마음을 추스르고 어른의 말에 귀 기울인다. 하지만 특정 상황에 울고 떼쓰기로 한 것은 아이의 자발적인 선택이며, 비슷한 상황에서 아이는 계속 같은 선택을 하게 될 확률이 높다.

우리의 무의식에 자리 잡은 프로그램은 이런 아이와 같다. 고로 감정을 바꾸어야 한다. 어떻게 해야 할까?

내가 중독된 대상에 대한 감정과 애착을 끊어내야 한다. 중독에 빠지는 이유는 중독을 통해 엄마 배 속에 있는 것 같은 포근함과 따스함을 느끼기 때문이라고 한 전문가는 말했다. 중독을 효과적으로 끊어내려면 중독 대상을 통해 엄마의 감정을 느끼는 것을 끊어내야 한다.

"왜 굳이 중독을 끊어내야 하나요? 일과 삶에 지장이 없는 선에서는 어느 정도 허용해도 되지 않나요?"

그렇지 않다. 중독 대상에 자동으로 반응하는 나를 자유롭게 해주는 것이 중요하기 때문이다. 중독에서 자유로워지면 중독에 소모되었던 '에너지'가 남게 되고 내가 원하는 것에 집중할 수 있는 여력이 생긴다. 이는 곧 당신의 성장으로 이어진다.

● 중독을 끊어내는 명상법

울트라셀프 명상을 할 때처럼 머릿속에 멘탈 도화지를 띄운다. 내가 끊어내고 싶은 대상이 패스트푸드라면, 그 대상을 떠올린다. 그리고 패스트푸드가 정말 맛이 없고 생각만 해도 치가 떨리는 음식이라고 상상하라.

나의 경우에는 이사를 해야 할 때마다 비슷한 패턴이 발생한다. 크게 두 가지 일이 벌어지는데, 첫째로 새로운 목표를 설정한다. 단순히 새로운 목표가 아니라 삶의 방향성과 관련이 있는 목표를 세운다. 회사로 따지면 새로운 비전을 세우는 일과 같다.

둘째, 새로운 비전에 부합하는 장소를 찾게 된다. 기존에 거주 중인 집과 동네에 정이 떨어진다. 마음을 잘 다스려도 자식을 독립시키기 위해 거세게 몰아치는 어미처럼 작은 해프닝이 발생한다. 거처를 옮겨야겠다는 생각과 함께 이사할 집을 찾게 된다.

이사를 하고 새로운 환경에 적응하면서 전에 살던 환경에서 어떤 부분이 에너지를 갉아먹고 있었는지를 새삼 깨닫게 된다.

또 다른 예로, 나는 가리는 음식 없이 대체로 잘 먹는 편이다. 남들이 먹기 어려워하는 홍어도 평소에 즐겨 찾지는 않지만 큰 부담감 없이 먹을 수 있다. 그런데 이상하게 감은 먹지 않는다. 처음에는 어릴 적에 감을 먹다가 체해서 그렇다고 생각했다. 하지만 명상을 하면서 내 몸이 기억하는 감정들을 추적하니 '냄새'와 관련이 있다는 것을 알게 되었다.

친할머니가 아홉 살 무렵에 돌아가신 것으로 기억한다. 임종에 가까웠다는 소식을 듣고 찾아뵈었는데, 할머니가 침상에 누운 채로 집안의 막내였던 나를 알아보시고 손을 잡아주셨다. 어린 마음에 쭈글쭈글해진 손을 만지는 것도 보는 것도 싫었다. 무엇보다 힘들었던 것은 할머니 주변에서 나던 냄새였는데, 편도 결석으로 인한 냄새였다.

당시에는 그 냄새가 무엇인지도 모르고 계속 맡아야 했는데 어린 나는 그것이 오래된 '감' 냄새라고 생각했다. 어른이 되어 상주 곶감을 맛보며 나는 감에 대한 오해를 스스로 풀 수 있었다.

▌감정의 이해 2: 정신과 치료의 본질

모든 생각과 행동 뒤에는 감정이 엮여 있다. 이 감정이 무엇인지 알지 못하고 끊어내지 못하면 새로운 관점을 가진 새로운 나는 만날 수 없다.

쇼핑, 도박, 약물, 음란물, 알코올 등에 중독되는 이유는 매일같이 일시적으로 새로운 것을 경험하여 새로운 내가 되고 싶기 때문이다.

이별을 경험한 성인이 아픔이라는 감정을 잊기 위해 술을 마시는 것은 많은 이에게 익숙한 장면이다. 하지만 내가 가진 감정을 아주 잠시 눌러놓은 것일 뿐 근본적인 변화는 일어나지 않는다. 근본적인 변화는 '나'의 일부라고 여기며 기존에 꽉 붙잡고 있었던 감정과 이별할 때 생긴다.

정신과에서는 어떤 치료가 이루어지는지 알아보자.

정신과에서 행해지는 대표적인 치료는 인지행동치료다. 훌륭한 정신과에서 약물 외 치료 방법으로 행해진다. 치료의 목적으로 약물을 처방했을 때 결국 약물에 중독되는 부작용을 막는 역할도 한다.

인지행동치료를 아주 간단히 설명하면 상대의 이야기를 듣고 어떤 부분에서 생각이 잘못되었는지를 짚어주고 다시 이야기해 주는 것이다. 'Here and now', 즉 현시

점을 강조하고 생각을 바꾸어 감정과 행동이 변화하도록 한다.

이와 비슷한 방식으로 진행되는 치료는 게슈탈트 치료법, 프로이트식 치료법 등이 있다. 이러한 정신 치료들의 공통점은 내담자를 괴롭게 하는 그 사건으로 돌아가 대화 중에 재현하고 그때의 생각을 새롭고 건강하게 교정하는 것이다.

● 한계 1

현실에서의 문제는 상담치료를 진행하는 사람의 선입견에 의해 내담자의 상황이 영향을 받을 수 있다는 점이다. 정말 환자를 위한다면 상담자는 자신에게 어떤 선입견이 있는지, 어떤 식으로 생각하는 것이 더 익숙하고 편한지를 먼저 이야기하는 게 옳다. 상담자의 실력에 따라 개인차가 많이 생길 수 있기 때문에 나에게 맞는 상담자를 찾는 과정에서 내담자의 마음에 치료에 대한 불신이 생길 수도 있다.

● 한계 2

『정리하는 뇌』의 저자 레비틴 박사는, 인지행동치료는 어떻게 생각해야 하는지를 알려주지만 무엇을 생각해야 하는지는 알려주지 않는다고 했다.

특정 상황이나 사건을 겪은 사람이 자신의 생각이 정신적으로 건강한지 그리고 적절한 반응인지를 확인하기 위해 인지행동치료를 받는 것은 좋다. 하지만 그 자체로 볼 때, 앞으로 내가 무엇을 해야 하는지까지 알려줄 것이라고 기대할 수는 없다.

● 한계 3

'어떻게 생각해야 하는가?'는 사람의 이성과 관련이 있다. 하지만 사람의 이성은 감정을 뛰어넘지 못한다. "평안 감사도 저 싫으면 그만이다"라는 속담이 있다. 아무리 이성적으로 맞는다고 한들 그 이유만으로 선택하는 사람은 드물다. 감정의 영역인 내 마음에서 받아들여져야만 같은 선상에서 이성적인 생각을 할 수 있다. 아이러니하게도 감정은 주관적이고 개인적인 영역이기 때문에 전문적, 이성적 접근으로 줄 수 있는 영향력에는 한계가 있다.

바로 이 점 때문에 미국의 한 전문가는 "인지행동치료의 장점은 내가 필요할 때만 가도 된다는 점이다"라고 말했다.

하지만 명상은 인지행동치료와 같은 이성적 접근으로는 다가갈 수 없는 감정의 영역을 터치할 수 있다. 독서가 자기계발에 도움이 된다는 것을 모르는 사람은 없다. 하지만 독서를 생활화할 수 있는 감정이 없기 때문에 머리로 아는 내용을 실천할 수 없는 것이다. 마치 자동차는 슈퍼카인데 연료가 없는 상황과 같다.

소극적 명상만 제대로 꾸준하게 실천해도 감정적 반응을 덜 하게 되는 이유가 여기에 있다. 실제로 명상은 감정에 관여된 뇌의 편도체를 더 두껍게 해준다. 편도체가 두꺼운 사람은 삶에서 어려운 일이라는 펀치를 맞아도 맨 얼굴이 아니라 쿠션을 댄 얼굴에 맞는 것 같은 느낌을 받는다. 더 잘 견딜 수 있고, 더 나아지는 방향으로 생각하는 데 할애할 수 있는 에너지를 갖는다.

울트라셀프는 감정에 묶인 나의 에너지를 자유롭게 하는 기술이다. 과거의 감정에 매이지 않았기에 과거를 반복하는 삶이 아닌 삶의 새로운 장을 써 내려갈 수 있는 것이다.

나 자신은 무엇에 애착에 있는지, 어떤 것을 감정적으로 혐오하는지 자각하고 거기서부터 출발해야 한다. 그래야만 당신의 그릇에 어떤 것을 채워도 새어나가지 않을 수 있다.

중독이란,
기존의 나의 마인드가 몸이 된 상태다.

바뀌고 싶다면,
먼저 내 안의 애착, 감정적 결착을 끊어내야 한다.

┃ 감정의 이해 3: 끊어내는 법

이런 질문을 받은 적이 있다.

"명상하라고 해서 해봤는데 자꾸 불안한 감정만 올라와서 더 이상 못 하겠어요."

이는 눈을 감고 내 안에 눌려 있던 주된 감정들이 무엇인지를 인지한 것이라고 볼 수 있다. 쇼핑, 영상 시청 등 다른 종류의 중독으로 불안한 감정을 잘 눌러놓았는데 명상을 하게 되니 자기 안의 진짜 불안과 마주하게 된 것이다.

이런 극단적인 상황이 아니더라도 감정과 관련된 명상을 할 때는 '끊어내기' 명상을 해야 한다. 머릿속에 나뭇가지를 떠올려 불필요한 가지를 가지치기하듯이 명상해야 한다. 내가 끊어내고 싶은 감정이 무엇인지를 먼저 파악하고 멘탈 도화지에서 없애는 원리다.

다시 말하지만 평생 보고 배운 게 화내고 짜증 내고 남 탓하는 것이 전부인 사람에게는 중독이 있다. 이렇게 부정적인 감정을 지닌 상태에서 중독되지 않고 산다는 건 상상조차 어려운 일이다. 일시적으로 화, 짜증, 불평 등의 감정을 다른 중독 행동을 통해 눌러놓을 수는 있다. 하지만 당장 다른 사람으로 변하는 건 어렵다. 명상을 하는 과정에서 계속 방해받기 때문이다.

그렇기 때문에 부정적인 감정을 명상을 통해 끊어내는 게 우선이다. 한 번에 안 된다면 될 때까지 지속한다. 그리고 나는 그런 감정과 관련 있는 사람이 아님을 반복해서 말하고 쓰고 표현하면 효과적이다.

이런 노력이 수반되면 울트라셀프 명상을 통해 내가 원하는 생각, 행동, 선택, 경험을 미리 느낄 수 있다. 그렇게 되면 인생의 비전이 창조되고 생각하고 상상한 것들이 현실에서 나타난다.

가장 효과적인 주문, 말

자, 당신은 지금 배고프다. 매콤달콤한 떡볶이를 머릿속에 떠올리자. 아니면 레몬을 반으로 잘라 입에 넣었다고 상상해 보라. 입에 침이 고일 것이다.

떡볶이와 레몬,
이 두 단어만으로 침샘을 자극할 수 있다.

실제로 먹지는 않았지만 뇌에 떡볶이와 레몬을 먹었다고 이야기한 것과 같기 때문이다. 당신의 의도와는 다르게 뇌는 그렇게 인식한다. 일반적으로 사람들은 말의 의미만 생각한다. 하지만 방금 두 단어를 통해 느꼈듯이 말은 새로운 현실을 만든다.

이는 곧 기분이 나쁠 때 내뱉는 저주의 말들도 그대로 현실이 된다는 것을 의미한다. 그래서 우리가 무심코 내뱉는 부정적인 말을 반드시 통제해야 한다. 인간의 뇌는 반복적인 것을 진짜라고 믿는다.

게다가 뇌파가 알파파일 때, 그러니까 취침 전이나 기상 직후에 듣거나 내뱉는 말들은 현실화될 가능성이 매우 높아진다.

이에 대해 검증된 대표적인 사례로는 에밀 쿠에 박사의 자기암시가 있다. 심리 및 신체 문제를 개선할 때 일정한 말을 반복해 스스로에게 암시를 주는 것이다. 에밀 쿠에는 프랑스 약사였는데, 1910년 류머티즘성 관절염, 두통, 천식 등의 다양한 질병을 가진 사람들에게 자가 치료를 할 수 있는 방법으로 자기암시를 제안했다. "나는 매일 점점 더 나아지고 있다"라는 말을 반복했던 사람들에게 치료 효과가 있었다. 이는 나폴레온 힐의 『생각하라 그리고 부자가 되어라』를 포함한 많은 서적과 논문에도 기재된 내용이다.

세계적으로 '말'과 관련된 속담이나 격언 등이 많다는 사실은 말이 인간의 삶에 지대한 영향을 끼친다는 걸 방증한다. 당시에는 뇌과학이 발달되지 않아 논리적인 증명이 되지 않았을 뿐, 선조들은 이미 기나긴 세월에 걸쳐 체득한 지혜를 가지고 있었다.

그런 의미에서 좋은 삶을 위해 자기암시나 긍정 확언 등을 실천하는 사람은 미래를 기대해도 좋다. 하지만 부정적인 말을 많이 하는 사람은 그 의도와는 전혀 상관없이 삶이 망가질 확률이 높다. 뇌가 나쁜 현실을 만드는 것에 과몰입하기 때문이다. 이뿐만 아니라 말 한마디로 타인에게서 신뢰와 신용을 잃는 일이 많아져 미래를 기대할 수 없는 삶이 된다.

잠에 들기 전, 기상 직후 실천하는 울트라셀프 명상에

에밀 쿠에 박사가 제안하는 마법의 문장을 떠올려라. 뇌가 당신의 조건, 환경, 학벌, 재산과 관계없이 당신이라는 존재 자체를 신뢰하도록 도와라. 당신의 말이 현실에서도 작용하게 될 것이다.

시각화보다 10배 강력한
'멘탈 무비'

성공한 사람들의 이야기를 들어도 정작 성공에 다가가기 어려운 이유는, 성공한 사람의 이야기가 내 이야기가 될 수 있다는 가능성을 받아들이지 않기 때문이다. 이런 경우 타인의 멋진 성공 스토리가 머릿속에 떠오르지 않는다.

내가 만난 사업가들의 공통점은 앞으로 일어날 수 있는 일에 대해 시나리오를 짜듯이 구체적으로 설명한다는 점이었다. 아무것도 없는 상황에서 그들은 마치 눈앞에 있는 그림이나 자료를 보면서 설명하는 것 같았다. 어떨 때는 이미 그곳에 도달한 것처럼 보였다. 이 능력은 시각화 훈련으로 가능하다.

어떤 건물이 지어지기 전 땅은 잡초가 무성한 공터일 뿐이다. 시간이 지나 그 공터를 채운 건물을 보면 입이 떡 하고 벌어진다. 어떻게 그 자리에 그런 건물을 지을 수 있었을까? 바로 '청사진'을 통해 알 수 있다. 일어나지 않은 일에 대해 머릿속으로 건물 조감도를 미리 그려보는 것이다.

이렇게 말해도 "에이, 성공한 사람들은 DNA부터가 달라요!" 하는 사람들이 있다. 어쩌면 이 말이 당신의 게으름과 실패에 대한 핑계는 아닐지 솔직하게 들여다보라.

┃시각화 연습

커피를 사러 가는 당신의 모습을 떠올리자. 항상 가던

카페에서 아메리카노를 주문하고 값을 지불한 뒤 커피를 받아 나온다. 이렇게 머릿속으로 일련의 과정을 떠올리거나 이상적인 사진 한 장을 떠올리는 걸 시각화라고 한다.

성공한 사람이라면 누구나 이 시각화에 대해 알고 있다. 사람마다 '시각화'라는 단어를 공통적으로 사용하지 않아 용어가 제각각이지만 지향하는 바는 같다. 그래서 미래의 '청사진'을 미리 그린다는 말이 의미하는 바가 무엇인지 성공한 사람들은 잘 알고 있다.

성공한 사람은 모두 머릿속에 일어날 일을 미리 그려본다. '성공은 생각에서 시작된다'라는 말은, 시각화를 통해 청사진을 그린다는 것이다. 여기서 중요한 포인트는 계획하는 일이 아직 일어나기 전이라는 것이다.

이와 관련해 내가 직접 인터뷰한 전 하버드대 교수 빅토어 마이어 쇤버거와 프랑스 의사결정과학자 프랑시스드 베리쿠르, 이코노미스트 편집자 케네스 쿠키어는 아주 중요한 말을 했다.

그들은 성공을 위해 필요한 요건 중, 특별히 똑똑한 지능이나 물려받은 재산에 대해서는 이야기하지 않았다. 오히려 현재 일어나지 않은 일들을 상상하고 공상하는 것이 인간만이 가진 고유의 능력이자 성공의 포문이라며, 인간이라면 누구나 스티브 잡스처럼 될 수 있다고 강조했다. 이 능력을 사용하는 것이야말로 미래에 인공지능에 대체되지 않는 방법이다.

현실적으로 시각화를 훌륭하게 잘하는 사람이 많지는 않다. 눈을 감으면 온갖 잡생각이 들기도 하고 머리로 이상적인 그림을 그려내기도 쉽지 않다. 그래도 노력해야 한다. 인간의 본질을 알게 된 이상, 실천하지 않는 것은 바보 같은 일이다.

헨리 포드도 자동차를 만들기 전 사람들에게 무엇이 필요하냐고 물으면, 그들은 더 빠른 말 또는 마차를 원한다고밖에 말하지 못할 것이라고 했다. 이처럼 현실에 없는 것을 상상하는 일은 어렵거나 불가능하지 않다는 사실을 기억했으면 좋겠다.

▎시각화 훈련

1. 종이에 쓰는 훈련을 하라.

종이에 일일이 적는 훈련은 아주 중요하다. 쓰는 일은 흩어져 있는 당신의 갈망을 한곳에 모아준다. 그림도 괜찮다. 그림을 아티스트 수준으로 그릴 필요는 없다. 일단 목표를 적고 목표를 이룬 나의 모습을 적어본다. 그리고 목표를 이루기 위해 필요한 것들도 모두 적어보자.

이 작은 일조차도 비스트셀프 상태에서는 당장 해내기가 어려울 수 있다. 나도 그랬으며 성공한 사람들 또한 당신과 같은 심적 상태를 겪었다. 그러니 포기하지 말자. 내가 원하는 것들을 계속 적고 매일 일정한 시간에 세 번씩 읽고 깊게 빠져들자.

2. 멘탈 이미지를 그리라.

종이에 글을 쓰거나 간단히 그림으로 나타냈다면, 이젠 머릿속에서 그림 하나를 그려보자. 머리로 그리는 그림의 최대 장점은 종이에 직접 쓰는 것보다 매우 짧은 시간에 완성할 수 있다는 점이다. 이는 당신이 내적으로 흔들릴 때마다 재빨리 원하는 목표에 다시 집중할 수 있다는 것을 의미한다. 머릿속에서 그림이 더 잘 그려지게 하려면, 두 가지 모두 병행하면 좋다.

나는 이 책을 읽는 당신의 얼굴과 이름, 좋아하는 음식까지 상상하면서 머릿속에 떠올리는 중이다. 그림을 떠올릴 때, 내가 적어두었던 글을 떠올려도 좋다. 뇌는 정보를 한 장의 그림처럼 인식하기 때문에 글자여도 좋고 그림이어도 좋다.

예를 들어 기존에 없던 축구 양말을 디자인하는 그림, 합리적인 가격에 양말을 생산할 공장을 찾는 그림, 양말을 제작하는 그림, 제작한 양말을 홍보하는 그림, 내가 제작한 양말이 축구 동호회에서 입소문이 나는 그림, 온오프라인에서 양말을 판매하는 그림 등 그림은 구체적일수록 좋다.

여기까지 간단한 시각화 훈련이었다.

이 시각화보다 더 강력한 도구가 있다.

바로 '멘탈 무비'다.

3. 멘탈 무비를 만들라.

명상을 많이 한 불교계 마스터들의 강연을 듣다 보면, "Movie is played in your head"라는 말을 종종 듣는다. '머릿속에서 영화가 재생된다'라니, 이 얼마나 가슴 뛰는 일인가?

1, 2번의 과정을 통해 머릿속에 사진이 그려졌다면, 거기에 냄새, 소리, 움직임 등을 넣어 영화를 만드는 것이다. 한마디로 말해 4D 영화다. 예를 들어 성공한 당신이 슈퍼카를 구매하는 과정을 동영상으로 만들어보는 것이다. 새 차의 가죽 시트 냄새, 대시보드에 붙어 있는 보호 스티커를 떼는 소리, 리모컨을 누르는 촉각 등 후각, 시각, 촉각 정보를 넣어 생생하게 재현하면 시각화보다 더 효과적인 결과를 얻을 수 있다.

대부분의 사람은 '경험한 것만' 멘탈 무비로 만들 수 있다. 하지만 이제는 더 수준 높은 단계로 나아가야 한다. 이것을 너무 어렵게 생각하거나 부담스러워하지 않길 바란다. 어쨌든 성공도 아직 경험하지 않은 세계가 아닌가? 성공의 세계를 당신의 경험으로만 상상하면 한계를 발견하게 된다.

경험하지 않은 세계, 새로운 제품이나 기가 막힌 서비스를 만드는 과정이나 소비자들과 소통하는 순간 등을 멘탈 무비로 만들어보자.

ULTRA BOX

인간에게는 의지, 생각, 상상력이라는 세 가지 요소가 있다고 말했다. 성공은 결국 의지를 얼마나 지속하느냐의 문제다. 그리고 시각화는 이 문제를 해결할 수 있는 핵심 열쇠다.

당신이 생각하고 상상한 미래는 어떠한 모습인가? 어떤 사람을 롤 모델로 삼았는가? 당신은 어느 정도의 재력을 소유하게 되었는가? 성공을 통해 당신은 어떤 사람이 되고 싶은가? 글, 사진, 그림, 신문, 잡지 등 모두 좋다. 당신이 상상하는 미래의 모습을 한번 남겨보자. 자기 자신의 최고 버전인 초자신을 그려보라.

시각화 실전 연습 1

초자신이 된 당신은 어떤 모습을 하고 있는가?

당신이 원하는 롤 모델이나 위인은 어떤 분야에서 어떤 성과를 보였는가?

시각화 실전 연습 2
───────────

당신은 지금 제품 개발을 마치고, 이것을 팔아 부자가 되려고 한다. 어떤 제품을 만들었는가?

제품을 얼마의 가격으로, 어디에서 어떻게 홍보하여 팔 계획인가?

당신의 제품이 어디에서 팔리기를 원하는가? 최대한 자세하게 적거나 그리라.

시각화 과제

앞으로 30일 동안 다음 세 가지 주제로
시각화 실전 연습을 해보라.

첫째, 당신이 무엇을 통해 부자가 되는지
둘째, 당신이 어떤 과정을 통해 초자신이 되는지
셋째, 당신이 무엇을 통해 꿈을 이루게 되는지

명심해야 할 것은 시각화 그 자체에서 그치면 안 된다는 점이
다. 시각화의 본질은 당신 안에 있는 편견에 빠진 난쟁이를 튀
어나오지 않게 하거나 완전히 내쫓는 것이다. 시시때때로 당신
의 몰입을 방해하는 요소들을 원천 차단하는 게 핵심이다.

이는 곧 시각화 다음에
행동(노력)이 필요하다는 것을 의미한다.

만약 사과를 따기로 마음먹고
'외부의 영향'과 '내면의 난쟁이'에게
휘둘리지 않는 상태가 되었다면,
그다음 당신은 무엇을 해야 할까?

정답은 '직접 사과나무에 올라라!'이다.

울트라셀프 vs. 페르소나

　하버드 교수진이 세계에서 가장 오랜 시간 명상한 달라이 라마를 대상으로 연구한 결과, 마스터 단계에 이른 사람들은 1만 2000시간에서 6만 2000시간을 소요했다고 한다.

　명상의 정점에 다다른 마스터들은 순식간에 명상 상태에 접어들 수 있다. 또한 명상하지 않은 사람들에 비해 외부 자극에 더 강하고 두꺼운 편도체를 가지고 있다. 무엇보다 주목해야 할 점은, 오랜 수련으로 심신이 단련된 승려들의 변화된 상태가 새로운 성격 기질을 형성했다는 것이다.

일반인들은 근무 환경에 맞추어 적당히 자기 능력을 발휘한다. 일종의 '부캐'처럼 사회생활용 가면을 쓰는 것이다. 그리고 주말이 되면 숨어 있던 '주캐'가 나오고, 다시 월요일이 되면 부캐를 소환시키느라 월요병에 걸린다.

요행을 통해 성공하기를 바라는 일은 오히려 당신의 삶을 망칠 수 있음을 기억해야 한다. 성공하기 전, 꿈꾸는 삶을 위해 필요한 운영 능력을 우선적으로 갖춰야 한다.

그런 면에서 울트라셀프 명상은 좋은 변화가 곧 새로운 성격 기질로 나타났던 승려들처럼, 성공으로 가는 당신의 준비 상태를 완성시켜 준다. 아무리 시간이 지나도 가면을 벗을 필요 없이 성공 DNA를 갖춘 상태가 당신의 주캐가 되는 것이다.

그렇다면 울트라셀프 명상은

얼마 동안 해야 하는가?

하버드대 출신 뇌과학자 리처드 데이비슨 박사는 200시간이면 마스터할 수 있다고 말한다. 200시간이면 1만 2000분이다. 매일 아침저녁으로 12분간, 하루 24분씩 울트라셀프 명상을 하게 되면 500일이 소요된다. 즉 1년 4개월 13일이다.

물론 시간만 채운다고 원하는 분야의 마스터가 되는 것이 아니다. 시간보다는 '의도적 연습'에 방점을 찍어야 한다. 의도적으로 장소를 변경하거나 명상에 도움이 되는 환경을 조성해 전두엽과 편도체가 동시에 활성화되도록 해야 한다.

간략하게 설명하면 전두엽에서는 행동 및 감정 제어 등 자기 인식의 40%가 일어난다. 편도체는 두려움과 공격성 제어, 의사결정에 지대한 영향을 미친다. 명상을 통해 전두엽과 편도체가 활성화된 상태에서 원하는 삶의 미래를 구상한다고 생각해 보라.

성공 못 할 이유가 없다.

| 부자들의 뇌 환경 조성법

부자 동네와 열악한 동네의 극명한 차이가 있다. 부자 동네는 단순히 새로 지은 큰 건물만 있는 곳이 아니다. '미미위MEMEWE'를 외치는 강남의 경우 다른 지역에 비해 예술품을 거리 곳곳에 설치하려고 노력한다. 왜 이런 노력을 쏟는 것일까? 단적으로 말해 환경 때문이다.

한 실험을 예로 들겠다.

미국의 한 지역에서 평범한 사람이 갑자기 분노를 표출하고 범죄자로 돌변한 적이 있었다. 그의 뇌를 스캔한 결과 종양을 발견했다. 종양이 뇌의 정상적인 사고 길목을 차단해 파괴적 성향의 사람이 되었던 것이다.

실험자는 소와 고양이를 통해 더 심도 있는 결과를 얻어내고자 했다. 사고자의 종양이 누르고 있던 뇌 부위에

전자침을 꽂아 실험한 것인데, 전기 자극이 일종의 종양역할을 했다. 전기 자극을 줄 때마다 소와 고양이는 분노조절을 하지 못하고 소위 말하는 '미친 상태'가 되었다. 뇌의 환경이 행동에 영향을 끼친 것이다.

이러한 이유를 아는 사람들은 환경 조성에 대해 중요하게 생각한다. 특히 오감을 통해 얻는 정보가 모두 뇌로 간다는 사실을 알기 때문에 매우 민감하게 반응한다. 이말은 당신의 심신 또한 좋은 환경에 노출시켜야 함을 의미한다. 다음을 잘 보고 성공할 수밖에 없는 환경에 당신을 노출시키라.

• 환경적 풍성함: 조각품, 예술품, 그림, 퍼즐, 체스, 장기 등 머리를 쓰는 게임은 좋은 영양분이다.

• 음식: 음식에서 가장 중요한 요소는 신선도와 유기농 여부 그리고 균형이다. 지방을 먹으면 살이 찐다는 오해에서 벗어나라. 좋은 종류의 기름을 먹으면 좋다. 대표적인 예로 아보카도, 올리브 오일, 플랙스 시드 오일, 오

메가-3다. 과도한 칼슘 섭취는 피하라.

● 정신 활동을 위한 간식: 머리를 쓰는 사람들은 단백질과 복합 탄수화물을 먹는 습관을 만들라. 예를 들면 말린 생선, 육포, 고구마, 퀴노아, 오트밀 등이다.

● 심신의 안정을 위한 간식: 단순한 형태의 탄수화물과 지방을 섭취한다. 디저트가 대표적이다. 영화 〈노팅힐〉에 보면, 친구들끼리 원탁에 둘러앉아 꺼내기 어려운 속마음을 나눈 후 초코 브라우니를 먹는 장면이 나온다. 스트레스를 받게 되면 단순한 형태의 탄수화물과 지방이 함유된 식품이 심신의 안정에 도움을 준다.

● 운동: 일주일에 4~5회 하면 좋다. 몸을 키우기 위한 과도한 운동이 아니라 움직이고 땀을 흘리는 정도면 충분하다. 운동을 일과로 삼고 건강한 삶을 유지하라.
꼭 어느 장소에 가지 않아도 된다. 집에서 30분 동안 간단히 따라 할 수 있는 홈 트레이닝도 괜찮다. 허리 디

스크 회복을 위해 내가 했던 운동은 걷기였다. 가능하면 모래 위에서 하라.

• 대기: 기운을 되찾기 위해서 많은 사람들이 카페인을 섭취하거나, 단당류 식품을 먹는다. 카페인과 단당류에 의존하기보다 환기가 더 낫다. 미세먼지가 심한 날에는 공기 청정기를 활용하라. 실내 공기질에 민감한 사람들의 경우, 공기 내부 순환기에 부착하는 필터까지 따로 구매한다. 공기 청정기가 없어도 저렴한 가격으로 실내 공기를 개선할 방법이 많다. 꼭 찾아서 적용하라.

• 휴식: 40~45분 수업 후 10~15분 휴식을 갖는 것은 학교에 다녀본 사람이면 익숙할 것이다. 꼭 40~45분의 학습 시간을 지킬 수는 없지만, 반드시 휴식을 취해주는 것이 좋다.

• 습관: 새로운 것을 배우는 습관을 가져야 한다. 기술, 보드 게임, 언어, 새로운 사람의 얼굴과 이름 기억하

기 등 익힐 것은 너무도 많다.

┃울트라 뉴트리션 팁

옛날부터 재능이 있는 사람들, 특히 한 분야에서 일반 사람보다 두각을 나타내는 인재들은 국가와 관련된 일을 했다. 판사, 검사, 군인 등이 그 예다. 국가에 도움이 되는 인재라면 일상생활에서부터 학업까지 모든 걸 지원한다. 한 명의 훌륭한 국가 인재를 양성하기 위해 많은 돈을 쏟아붓는다.

코딩 능력을 갖춘 인재나 유능한 해커의 경우도 마찬가지다. 우리나라 정부 기관에서는 학생 때부터 뛰어난 해킹 능력을 가진 인재를 미리 알아보고, 그를 위한 모든 지원을 아끼지 않겠다고 먼저 손을 내민다. 그 학생이 나쁜 길로 들어서지 않도록 국가적 차원에서 미리 선점하는 것이다.

울트라셀프가 될 당신은 말하자면 한 분야에서 두각

을 나타낼, 나라가 탐하는 인재가 되는 것이나 다름없다. 이런 당신의 능력을 최고로 끌어올려 줄 영양 관련 정보를 준비했다.

　미국에서 군인들의 신체적, 정신적 건강에 필수적인 영양에 관해 과학자들에게 연구를 의뢰했다. 그에 따라 다음 여섯 가지를 적용한 결과 군인들의 신체, 정신 능력을 10~15% 향상시켰다.

　● 타이로신: 캐슈너트, 참깨에 많이 들어 있는 성분. 타이로신은 추운 환경과 높은 고도를 버티게 해준다. 미군들은 타이로신 영양제를 따로 복용할 정도다.

　● 카르니틴: 붉은 고기, 간에 있는 성분. 신체 능력을 향상시킨다.

　● 탄수화물: 신체 노동의 에너지원. 불안을 줄이고 운동 능력을 향상시키는 가루 형태의 탄수화물을 물에 타 먹게 한다.

• 콜린: 간, 콩, 계란 노른자에 있는 성분. 정신이 맑아지는 효과가 있으며 마라톤 선수의 기록을 5분 단축시킨 사례가 있다.

• 카페인: 집중력이 향상되고 견디는 힘이 증가한다.

• 복합리놀레산: 면역력이 증가하며 질병 발병률을 낮추는 효과가 있다.

당신만의 울트라셀프를
디자인하라

모든 인간에게 최고의 숙제는 살아남는 것이다. 수천 년 전부터 인류가 각 분야에서 애써온 이유가 '살아남기' 위해서라니 조금 허망하지 않은가? 살아남기 위해 우리 뇌는 익숙한 것들을 안전하다고 인식한다. 상황에 따라 관점을 바꿔 새로운 시도를 해야 할 때도 있지만 그 자체를 위험으로 간주한다.

뇌가 변화를 위험으로 간주하는 시간이 길어지면 길어질수록 생존에 특화된 사람이 된다. 그리고 이 기질은 우리의 루틴이 된다.

변하고 싶다면 위험을 무릅쓰고 한 번도 경험하지 않은 삶을 살아야 한다. 자신의 삶에서 원하는 부의 액수를 적으라고 말하면, 보통 수십억 원에서 수조 원을 적는다. 아무리 호기롭게 액수를 적어도 한 번도 벌어보지 못한 돈을 벌기 위해 행동하는 순간, 이런 생각에 잠기게 된다.

"아니, 진짜 수십억 원을 벌 수 있을까?"
"도대체 어떻게 이게 가능하지?"

자전거 핸들을 반대로 바꾸어 타는 유튜브 콘텐츠가 있다. 머릿속으로는 핸들 방향만 바뀌어 있으니 조작도 반대로만 하면 될 거라고 생각한다. 손 위치를 엑스자로 교체하여 핸들을 잡은 사람도 있었다. 하지만 핸들 조작이 반대로 된 자전거를 처음 탄 사람들 중에 10미터 이상 주행한 사람은 아무도 없었다.

한 번도 해보지 않은 노력은 핸들 조작이 반대로 된 자전거를 타는 일과 같다. 책을 읽고 강의를 들어도 실제로는 성공하지 못한다. 머리로만 알기 때문이다. 그리고 많은 사람이 몇 번의 시도만으로 포기한다.

하지만 영상의 주인공은 달랐다. 핸들이 바뀐 자전거로 제대로 주행할 수 있을 때까지 매일 10분씩 연습했다. 그리고 딱 8개월이 되는 시점에 핸들이 바뀐 자전거를 주행할 수 있게 되었다.

매일 10분간 8개월을 연습하고 핸들 방향이 바뀐 자전거를 탄 스토리는 우리에게 중요한 메시지를 던져준다.

'인간의 성공도 같다.'

매일 10분 울트라셀프 명상을 통해 목표에 다가간다면 그 결과는 어떻게 될까? 나는 아주 긍정적인 결과를 기대한다.

재밌는 사실 하나는, 영상의 주인공이 8개월 후에 일반 자전거를 타려고 하자 전혀 탈 수 없었다는 점이다. 물론 이 또한 연습을 통해 다시 가능해졌다. 더 놀라운 것은 그의 일곱 살 아들은 핸들 방향이 바뀐 자전거를 단 2주 만에 조작했다는 점이다.

어쩌면 이 이야기를 듣고, 나이가 어릴수록 뇌가 더 말랑말랑해서 잘 배우는 것이라고 생각할 수 있다. 틀린 이야기는 아니지만, 모든 인간에게 적용되는 말은 아니다. 성인이 되어서도 3개 국어 이상을 구사하고 계속 새로운 것을 배우는 사람도 있기 때문이다. 게다가 8개월이라는 시간이 걸리기는 했지만 결국 주인공도 주행이 불가능해 보였던 자전거를 탈 수 있게 되었다.

아이의 비밀은 뇌파로 설명이 가능하다. 아이는 알파파가 흐르는 상태여서 뭐든지 받아들이고 적응할 수 있다. 그래서 베타파에 오래 머무는 어른에 비해 더 빠르게 습득할 수 있다. 울트라셀프 명상을 통해 당신의 생각과 감정을 디자인하고 그것을 루틴화하는 것이 얼마나 중요한지를 설명하는 대목이다.

안 되는 사람들은 저마다 안 되는 이유와 변명을 가지고 있다. 하지만 성공한 사람들은 잠재력을 꺼내는 방법을 통해 자기 생각과 감정을 디자인하여 원하는 것을 모두 이루었다.

울트라셀프 명상에서 '내가 원하는 그림'을 그리고 명상하는 법에 대해 배웠다면, 울트라셀프 디자인에서는 내가 원하는 그림에 어떤 부분을 추가해야 하는지에 대한 '재료'를 제공할 것이다. 당신이 이루어야 할 것은 성공한 사람들의 겉모습이 아니라 계속 성공해 나갈 수 있는 능력이다.

울트라셀프 디자인을 통해 자신에게 익숙한 성공과 거리가 먼 사고방식, 감정을 끊어내라. 다시 한번 강조하지만, 인간이기만 하면 누구에게나 적용이 가능하다.

| 울트라셀프 자기 체크 4단계

본격적인 울트리셀프 디자인에 앞서 가장 객관적이고 검증된 방법으로 자기 체크를 할 수 있는 네 가지 도구를 소개하겠다.

사고의 굴절이 생길 때나 기준이 서지 않을 때, 가치

를 추구할 때나 다양성을 인정할 때 필요한 도구다. 이 도구는 당신의 초자신 모드를 더 극대화시키는 데 도움이 될 것이다.

1. 있는 그대로 바라보라.

일어난 현상에 대해 있는 그대로 바라보아야 한다. 이를 위해서 누군가에게는 용기가 필요할 수도 있다. 그럴 때는 다음의 질문을 스스로에게 던지면서 있는 그대로 보고자 노력하라.

"정말 아는 거 맞아?"
"무슨 기준에서 그렇게 주장해?"
"왜 그렇게 생각해?"

2. 기본서를 정하라.

누구나 삶의 기준이 되는 기본서를 가지고 있어야 한다. 기본서는 거울과 같아서 자신이 잘하고 있는지, 누구를 닮아야 하는지 등의 기준을 제시한다. 당신에게는 어떤 기본서가 있는가?

　3. 변하지 않는 가치를 추구하라.

　시대를 선도하는 트렌드는 항상 존재한다. 하지만 시간이 지나도 변하지 않는 가치를 추구하는 게 중요하다. 이는 유행에 휩쓸리지 않고 본질을 볼 수 있도록 도와준다.

　4. 다양성을 추구하라.

　흑백논리나 모 아니면 도와 같은 사고 패턴을 갖고 있는지 스스로 체크하라. 생각은 행동으로 이어진다는 점을 잊지 말고, 사물을 볼 때 다차원적 사고를 하는지 자문하라.

울트라셀프 디자인 1
: 좌절 컨트롤

성공하는 사람들은 휴식 시간까지 계산한다. 자신이 인간으로서 한계가 있다는 점을 깊이 이해하고 인정하고 있다는 의미다.

'좌절 컨트롤=휴식 시간 디자인'

인간을 이해하고 자신을 아는 사람은 어디로 가야 할지 어떻게 자신의 삶을 계획할지 매우 잘 알고 있다. 사고 싶은 신상품을 충동적으로 구매하지 않고 돈, 시간,

에너지를 계획적으로 사용한다. 인간의 한계를 이해한 사람이라면 충동구매까지 예상해서 소비 패턴에 넣어둘 것이다. 아니면 충동구매를 할 수 있는 상황에 자신을 두지 않을 것이다.

좌절은 누구나 겪는다.

좌절을 어떻게 극복할지에 대한 계획을 갖고 있는 사람과 그렇지 않은 사람만 있을 뿐이다. 우리가 인생에서 좌절을 겪는 이유는 해결해야 할 문제가 매우 어렵고 복잡하기 때문이다. 부자가 되고 성공하기 위해 빚을 갚거나 돈을 더 많이 벌어야 한다는 과제가 누구에게나 있는 것처럼 말이다.

대부분의 사람은 여러 시도 끝에 포기한다. 성공하려면 포기하지 말아야 한다는 말은 입만 있다면 누구나 할 수 있다. 이런 위로는 거부하라. 특히 누구나 겪는 좌절을 당신만의 특별한 스토리로 만들지 말라. 버티고 이기는 자만이 승리를 쟁취한다는 사실을 인정하라.

포기와 휴식의 차이점을 알면 '성공해야 하는 어려운 과제'를 풀어나가는 데 이점이 많다. 아르키메데스가 '유레카'라고 외칠 수 있었던 이유는 문제를 포기하지 않고 잠시 휴식을 취했기 때문이다. 하지만 다음의 두 가지는 절대로 하지 말아야 한다.

첫째, 어려운 일 대신 쉬운 일을 먼저 하는 것이다.

천재로 태어난 아이를 평범한 아이로 만드는 가장 쉬운 방법은 생각보다 간단하다. 수준 낮은 것들을 하도록 놔두면 된다. 초등학교 3학년 아이가 공부를 하기 싫을 때 자기 수준보다 쉬운 것을 한다. 가령 1학년짜리 동생에게 문제 풀이를 가르친다든지 동생의 수준을 놀린다든지 등이다. 어린아이에 빗대었지만 이는 성인의 경우에도 마찬가지다.

이런 행동은 절대 하지 말라.

나는 누구나 쉽게 돈을 벌 수 있다는 말을 믿지 않는

다. 돈을 버는 것은, 어렵지만 돈이 될 만한 일에 도전하는 사람에게만 허락된다.

고로 당신의 수준을 떨어뜨리는 방향으로 자신을 끌고 가지 말라. 꿈을 향한 여정에서 지치는 순간이 오면 계획적이고 품위 있게 휴식을 취하라.

둘째, 경쟁하지 말라.

성서를 포함하여 고대 이집트, 중동 국가, 일본, 인도 등 오랜 역사를 지닌 문화를 보면 반드시 경쟁 구도에 놓인 인물들의 이야기가 담겨 있다. 성서의 대표적 예는 카인과 아벨이고 일본의 창조 신화에서는 이자나기와 이자나미가 있다.

이런 경쟁 구도는 개인의 삶에서도 똑같이 찾을 수 있다. 아주 높은 확률로 당신은 이웃집 아무개의 자식보다 같은 반 친구들보다 같은 나이, 또래, 친척 등 누구누구보다 더 잘해야 한다는 이야기를 듣고 자랐을 것이다.

물론 이렇게 직접적으로 듣고 자라지는 않았더라도 '누구'보다 잘해야 한다거나 '누군가'를 이겨야 한다는 생각을 자연스럽게 가지고 있을 수도 있다.

많은 사람이 줄 서 있는 음식점이 그렇지 않은 음식점보다 더 맛있어 보이고, 모두가 갖고 싶어 하는 물건이 그렇지 않은 것보다 더 가치 있고 귀해 보인다. 인간의 본질 중 하나인 '모방 본능' 때문이다.

나의 경우 한 친구를 만나기 전까지는 신발에 관심을 가지지 않았다. 하지만 그 친구의 영향으로 예쁜 신발과 못생긴 신발의 기준점을 갖게 되었고 새 신발이 나올 때마다 깊게 심취했다.

그 친구의 '원함'이
나의 '원함'이 된 것이다.

프랑스 철학자 르네 지라르는 이와 관련한 인간 본성을 한마디로 정리했다.

"인간은 자신이 무엇을 원해야 할지 모르는 존재다."

엎친 데 덮친 격으로 타인의 원함을 통해 자기의 원함을 학습하는 인간 본성에 불을 붙인 것은 다름 아닌 소셜 미디어다.

평소 같았으면 알 수도 없고 알 필요도 없는 사람들이 계속 등장한다. 그들의 삶과 소유물을 보고 부럽다는 생각을 갖게 된다. 그렇게 그들의 원함이 나의 원함이 된다.

여기서 두 가지 문제가 파생한다.

하나는 소셜 미디어에서 보는 사람들을 부러워하며 모두 '비슷한' 종류의 것을 원하게 된다는 점이다. 이러면 필히 경쟁할 수밖에 없다.

분야가 겹치고 같은 것을 원하는 사람들끼리 경쟁하게 되면, 누군가는 승리하고 누군가는 패배하는 제로섬 사회가 된다. 한 사람이 1을 갖게 되어 다른 누군가가 -1이 되면 국가의 입장에서는 합이 '0'인 발전 없는 상황이 벌어지는 것이다.

그것이 진짜 세상이라고 믿게 되면, 패자는 패배의식과 피해의식에 사로잡힐 가능성이 매우 높아진다. 반면에 승자는 이기적으로 행동하기 때문에 승자가 패자를 발밑에 두고 부리는 동물의 왕국 같은 그림이 연출된다.

세상과 국가의 발전은 합이 0인 결과로는 이루어지지 않는다. 서로에게 득이 되는 구조로 상생해야 결과가 1 이상이 되는 세상을 만들 수 있다.

다른 하나는 소셜 미디어를 통해 너무 많은 롤 모델을 갖게 된다는 것이다. 이렇게 사공이 너무 많아지면 인생이라는 보트는 방향성 없이 떠돌게 된다. 성취감 없이 도파민만 자극되는 시간을 보내게 된다는 말이다.

람보르기니는 오랜 시간 동안 엔초 페라리에게 경쟁의식을 느꼈다. 그러던 어느 날 그는 이런 경쟁의식이 그의 인생에 해로운 것임을 깨닫고 인생을 즐기며 꽉 찬 삶을 살기로 다짐한다. 여전히 엔초 페라리 회사 가치는 람보르기니 회사 가치보다 높다. 엔초 페라리의 회사 가치는 394억 달러, 한화로 51.1조 원(2022년 기준)이다.

하지만 그 사실을 아는가?

테슬라가 등장하기 전까지
자동차 회사 중
가장 높은 가치를 지닌 곳은
페라리가 아닌 토요타였다.

(597억 달러, 한화 77.5조 원)

▎좌절을 컨트롤하기 위한 프로토콜

첫째, 좌절의 절대적 시간을 재보라.

플랭크를 해본 사람은 1분을 넘기는 것이 얼마나 어려운 일인지 잘 알 것이다. 1분의 시간은 매우 길게 느껴진다. 바로 '고통' 때문이다. 좋아하는 영화를 감상할 때는 어떤가? 2시간이 20분처럼 느껴진다. 결론적으로 내가 느끼는 어려움이나 좌절감은 지극히 개인적이고 주관적이라는 판단이 서게 된다.

어려움에 직면할 때, 딱 15분만 타이머를 맞춰라.
그리고 알람이 울릴 때까지만 그 문제에 몰입하라.
알람이 울리면 잠시 쉬어도 좋다.

그래도 안 된다면,
둘째, 하는 척만 해봐라.

만약 당신이 일주일 후 무대에 올라가 1000명 앞에서 멋진 프레젠테이션을 해야 한다면? 그런데 그게 너무 괴롭고 싫다면? 그 자리에서 아무 말이나 막 던지는 연습을 하라. 아무 말이나 던지며 일단 하는 척을 하는 것이다. 그러다가 익숙해지면 준비한 대본을 가지고 말하기 연습을 하라.

셋째, 앞에서 말한 방법이
모두 통하지 않는다면,
그냥 편히 쉬라. 낮잠을 자도 좋다.

후버만 박사는 지적인 활동을 하는 날에는 무리한 신체 활동을 자제하라고 조언한다. '피지팅Fidgetting'이라고 해서 계속 작게 움직이는 것이 더 좋다. 예를 들어 화장실에 갈 때 식탁을 치우거나 바닥의 먼지를 닦는 등 작은 일들이다. 자신만의 휴식 방법을 아는 게 무엇보다 중요하다.

울트라셀프 디자인 2
: 성공은 입는 것이다

　성공에 대한 정의를 제대로 이해해야 성공할 수 있고, 성공하는 삶을 유지할 수 있다. 부자들에 대해 연구하고 면밀히 검토하면서 잠정적으로 내린 결론이 있다. 부자들이 부자가 된 것은 부자의 생각과 마인드를 갖고 있기 때문이다. 부자들은 이를 너무도 잘 알고 있기에 자신과 같은 부자 마인드를 가진 사람과 그렇지 않은 사람을 잘 구분한다. 부자가 아닌 사람들을 무시하려는 게 아니다. 단지 부자 마인드를 가지고 있지 않은 사람과는 함께 섞일 수 없을 뿐이다.

태어날 때부터 3개 국어 이상을 하는 사람은 없다. 마찬가지로 성공은 성공의 마인드와 생각으로부터 출발한다. 누구나 갖고 태어나는 것이 아니다. 그래서 역설적으로 누구나 성공할 수 있다. 타고난 재능에 의존할 필요가 없기 때문이다. 마치 옷을 걸치듯 성공하는 마인드를 입고 그에 맞게 행동하면 성공에 도달하게 된다.

"사람은 다 똑같다"라는 말로는 개개인을 설명하기에 부족하다. 하지만 인간의 한계와 속성을 이해하고 나면, 성공과 실패는 프레임을 가진 자와 그렇지 않은 자의 차이에서 비롯된다는 걸 알 수 있다. 이는 곧 그들의 성공이 나의 성공이 될 수도 있음을 의미한다. 그 순간 자신에게 맞는 옷을 찾듯이 부자의 프레임을 찾아 그곳에 계속 머물게 된다.

하지만 현실적으로 나보다 성공한 사람을 존경하거나 좋아하기란 쉬운 일이 아니다. '부정'의 올바른 적용을 통해 자아를 부정하고, 나와 일을 분리해서 볼 수 있어야만 가능하다. 정말 싫어하는 사람을 떠올리면 미워하는 마음이 일어날 수 있다. 하지만 그런 사람도 성공의 프레임을 입고 부자들의 방식을 그대로 따라 하면 성공할 수 있다. 정말이다. 성공한 사람들은 자신이 성공한 것이 아니라, 자신이 한 일이 성공한 것임을 인지하고 있다.

성공은 옷처럼 입는 '프레임'에 불과하다는 사실을 인지하자. 성공하고 부자가 되는 방법은 다양하다. 여기서 핵심은, 방법은 다양해도 그 모두에 일맥상통하는 면이 있다는 것이다. 그래서 부자들의 방법을 자신에게 적용하기 전에, 어떤 사람의 이야기를 듣고 적용할 것인지 결정해도 좋다.

자신이 발전할 수만 있다면 배우고 받아들이겠다는 마인드를 가진 사람만큼 무서운 사람은 없다. 그러나 그 상태에 이르기까지 누군가는 자신의 일부가 죽는 것 같은 고통이나 충격을 받을 수도 있다. 왜냐하면 지금껏 내가 갖고 있던 관점과 신념을 내려놓는 일이 정말 어렵기 때문이다.

'초자신'이 되는 과정을 표로 나타냈는데, 이 '울트라셀프 변태 과정'을 참고하면 초자신이 되어가는 당신이 겪을 과정을 미리 유추할 수 있다.

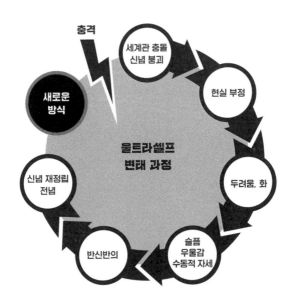

┃성공병과 성장통

세상에는 연예인병만 있는 것이 아니다. 성공을 맛본 사람들도 '성공병'에 걸린다. 성공병에 걸리면 자신이 다른 사람보다 우월하다고 생각하고 행동한다.

리드 헤이스팅스는 파산 위기에 놓인 넷플릭스를 구

하기 위해 당시 영화, 비디오/DVD 업계를 이끌던 블록버스터의 회장을 만나러 간다. 그러나 끝내 그 사람은 리드 헤이스팅스와 손을 잡지 않았다.

결과는 어떻게 되었을까? 당신도 잘 알다시피 넷플릭스는 미디어 콘텐츠 사업으로 승승장구하고 있지만 블록버스터는 역사 속 기업이 되었다. 블록버스터의 회장처럼 이미 성공한 사람도 기회를 알아보지 못하고 이런 실수를 저질렀다. 도대체 왜일까?

성공병의 특징은 두 가지다.

첫째, 자신이 남들보다 낫다고 생각한다.

둘째, 자기 보호가 심해진다.

성공병은 겸손하다고 해서 해결되는 것이 아니다. 겸손은 자만과 우월감의 치료제가 아니기 때문이다. 실제로는 본인이 대단하다고 생각하는데, 겸손한 행동과 자세를 취한다고 그 속내를 가릴 수는 없다.

겸손을 전략적 관점에서 이해하면, '정답을 찾는 훈련

법'이라고 할 수 있다. 늘 자신과 자신이 하는 일의 문제를 인식하고 그 문제를 해결하는 자세를 말한다. 앞서 이야기했지만, 연습할 조건이 없는 경우에도 문제를 만들어 훈련할 수 있다. 바로 이것이 계속 성장하고 성공하는 비결이다.

한 달에 1000만 원을 버는 게 목표였던 사람이 그 목표를 달성한 후에 더 높은 목표를 세우는 이유이기도 하다. '부'라는 것은 지금 당장 손에 쥐고 있는 것이나 하고 있는 행동do이 아니라, 부에 관한 생각에 오래 머물러 있는 상태be를 말한다. 연매출이 얼마이든 다음 해에 더 높은 목표액을 달성하지 못하면, 현상 유지가 아니라 도태된다. 결국 그 기업은 망한다. 성공도 마찬가지다.

성공병에 걸린 사람은
자신의 것을 어떻게든 움켜쥐고
주지 않으려고 하지만,
성공하는 사람은 성장통을 계속해서 겪는다.

내가 인터뷰한 사람들은 모두 대단했다. 자신의 분야에서 탈인간급의 통찰력과 실력을 갖춰 승승장구했다. 그런데 딱 한 사람만 예외였다. 큰 충격을 받은 나는 인터뷰를 하며 쿨한 척을 하느라 무진장 애를 써야 할 정도였다.

그는 절실함을 가지고 성공하려는 사람들에게 전할 조언을 구하는 질문에 모두 방어적으로 답했다. 이뿐만 아니라 자신이 가장 신경 쓰는 것은 자기 가족의 건강과 안녕뿐이라며 인터뷰에 비협조적이었다. 항상 웃는 얼굴로 스스로를 '기버Giver'라 칭하는 그 사람만의 긍정적인 에너지를 기대했는데 실상은 정반대였다.

당시에 특별한 사정이 있어서 그럴 수도 있었겠지만, 인터뷰를 진행하는 내내 무시당하고 조롱당하는 느낌을 지울 수 없었다. 그는 수백억 자산가였음에도 불구하고 계속 굳은 마음을 가지고 있었다.

더 안타까운 점은 자기 보호성이 짙은 '굳은 마음'을 가진 채로 사람들에게 호의를 제공하다는 것이었다. 그는 자신이 베푼 호의에 상응하는 대가를 상대방이 지불해 주길 바랐다. 실제로 인터뷰가 끝난 후 이메일로 불쾌한 요청을 해왔다.

성공병	성장통
방어적 사고방식	연결성을 가진 사고방식
"이걸 믿어야 하나?" 항상 의심함	"이것은 사실인가?"를 통해 진리에 접근함
패배를 경험해야 자신이 틀렸음을 깨닫게 됨	자신의 프레임이 잘못되었음을 인식하고 수정함
자기 신념의 옳음을 주장할 근거와 증거를 찾음	자신의 프레임을 완성하고자 근거와 증거를 찾음
자기기만, 희망 회로, 합리화, 사실 부정 등	정확도 높은 판단, 진리 탐구, 발견, 객관화, 정직 등

진정한 성공은 성장통을 겪으며 인류를 위해 공헌하겠다는 마음을 가질 때 완성된다. 성공하는 사람들의 마인드와 법칙을 그대로 적용하되 늘 성공병을 경계하라.

울트라셀프 디자인 3
: 드웰 이론

지금부터 설명할 드웰Dwell 이론은 울트라셀프에서 아주 중요하다. 이 책의 전체 내용을 기억하지 못하더라도 이 이론 하나만 기억할 수 있다면 당신의 성공은 시간문제일 것이다.

'Dwell'이란, '거하다'라는 뜻으로 어떤 상태에 머무는 것을 의미한다. 이 드웰 이론 하나면, 성공하고 행복한 사람들의 모든 비밀을 파헤칠 수 있다.

엉덩이로 공부한다는 말이 있다. 이 말은 책상 앞에

오래 앉아 있는 사람이 좋은 대학에 들어가 성공한다는 의미로 통용되기도 한다. 하지만 성공은 '엉덩이'만으로는 설명되지 않는다. 좋은 성적을 받고 명문대에 입학해서도 앞으로 무엇을 해야 할지 모르는 사람이 많다. 세계 1위 대학인 하버드대학교를 졸업하고도 취직하지 못하는 고학력 낙오자가 있다.

그들이 방황하는 이유는
지식이 부족해서도 아니고
지능이 낮아서도 아니다.

그럼 대체 무엇일까? 어떤 사람이 성공하고 초자신이 될 수 있을까? 나는 이 모든 것을 드웰 이론으로 설명한다. 드웰 이론은 한곳에 '머무르는 것'을 의미한다. 무언가를 이룬 사람들이 대단한 이유는 그 자리에 머물러 있기 때문이다. 한 분야에 정통한 사람은 그 분야에 오래 머문 사람들이다. 특히 그 자리에서 수많은 문제를 해결한 사람들이다.

나의 스승 중 한 분인 찰스 핸디와 직접 문답한 내용이다.

　　그는 나에게 최고의 명상은 '걷기 명상Walking Meditation'이라고 했다. '걷기 명상'은 단순히 걸으면서 명상하고 생각을 정리하는 수준을 말하는 게 아니다. 핵심은 앉으나 서나 한 가지 생각에 몰두하는 것이다.

　　회장에게 부자가 되는 법을 물었던 운전기사의 이야기를 기억하는가? 기억한다면 회장의 답도 떠오를 것이다. "돈이 되는 생각을 계속하세요." 그 회장의 부는 '돈이 되는 생각'에 계속 머문 결과다.

　　인간이라면 하루 평균 약 5만 가지 생각을 하는데, 내가 선택한 생각에 계속 머무는 것이 중요하다. 직접 내 삶의 키를 잡고 완벽하게 자기를 통제하는 상태를 드웰링Dwelling, 바로 '거함'이라고 말한다.

　　지금 당신이 무릎을 꿇고 하늘에 기도를 올린다고 해보자. 원한다면 지금 해도 좋다. 정말 성공하고 싶다고, 정말 돈을 벌고 싶다고, 제발 방법을 알려달라고, 나를 도와줄 사람을 만나게 해달라고 기도하라.

간절히 기도해도 아무 일도 일어나지 않는다면 당신은 그런 일은 나에게 일어나지 않으며 기도는 특정 종교인들이나 하는 것이라고 생각할 수 있다. 그런데 한번 생각해 보자. 당신은 그 일이 이루어질 때까지 얼마나 매달려 보았는가? 얼마나 머물렀는가?

당신이 100억 자산가가 되고 싶다고 가장 가까운 사람에게 이야기하면, "너라면 할 수 있을 거 같아"라는 말보다 "네까짓 게 무슨?"이라는 말을 들을 가능성이 더 크다. "네 방구석도 제대로 못 치우면서 무슨 100억? 일단 월 200만 원이라도 벌어봐라"라는 식의 더 심한 말도 들을 수 있다.

당신이 아는지 모르겠지만, 월 200만 원을 버는 사람이 아무리 열심히 일한다고 한들 월급만으로는 절대 100억 자산가가 될 수 없다. 그럼 어떻게 해야 할까? 옆에서 뜯어말려도 당신의 생각에 거하며 100억 자산가가 되는 상상을 하고, 자산이 모이는 로드맵을 그려야 한다. 그러지 않으면 남들이 그려놓은 로드맵을 따라 유한한 인생을 그냥 바치게 된다.

오해는 말라. 월급을 받는 일을 하찮게 여기라는 의미가 아니다. 부에 대한 사고의 폭을 넓게 확장하라는 뜻이다. 당신이 얼마나 큰 그림을 그리고 있느냐에 따라 나무를 보고 건축 자재로 생각하기도 하고, 나무젓가락으로 보기도 한다.

만약 신이 당신의 기도를 들어주고, 당신이 운영하는 식당에 도움을 줄 사람을 보내주었다고 가정해 보자. 분명 당신은 좋은 말을 듣지 못할 것이다. 당신에게 솔루션을 제시할 수 있는 사람은 당신이 돈을 못 버는 이유를 확실히 알고 있다. 돈을 벌기 위해서 무엇을 해야 하는지 훤히 보일 것이다.

당신은 그 잔소리를 매일같이 듣고, 때로는 혼도 나면서 가게를 운영해야 한다. 당신은 그 사람 곁에 얼마나 오래 머무를 수 있는가? 이것은 정말 중요한 물음이다. 스스로에게 물어라. 성공이 간절한 상태로 얼마나 머물 수 있는지 말이다.

"저처럼 성공과는 거리가 먼 사람도 가능할까요?"

180도 전혀 다른 삶에 머무르기로 결심했다면 망나니 같은 사람도 전혀 다른 사람이 될 수 있다.

오랫동안 명상 수련을 한 달라이 라마의 뇌파 검사를 하며, 명상의 힘을 뇌과학적으로 증명한 리처드 데이비슨과 대니얼 골먼은 사람이 바뀌는 데 두 가지 길이 있다고 설명한다.

하나는 '잠시 변화를 맛보는 것' 그리고 '전혀 다른 사람이 되는 것'이다. 여기서 전혀 다른 사람이 되는 것이란, 성격, 인격까지 완전히 바뀌어버리는 상태를 말하는데 이것을 이성과 논리의 영역으로 설명하기에는 한계가 있다.

흡연자들을 대상으로 한 실험에서 한 그룹에는 담배를 피우고 싶은 욕구를 억누르라고 했고, 다른 한 그룹에는 담배를 피우는 생각을 더 하라고 했다. 처음 일주일 동안 담배에 대한 욕구를 억누른 그룹은 매우 잘 해냈다. 하지만 2주차가 되었을 때 욕구를 억누른 사람들이 더 많이 흡연하게 되었다.

그럼 자기 통제를 하는 사람과
자기 억제를 하는 사람의 차이점은 무엇일까?

드웰 이론으로 자기 억제와 자기 통제의 차이점을 설명할 수 있는데, 자기 통제를 하는 사람은 전혀 다른 사람이 되는 상태에 '정착'했다고 설명할 수 있다. 미국이나 캐나다로 이민을 가기 전에 해야 할 일은 영구적으로 머무를 수 있는 권한을 받는 것이다. 미국 영주권을 받는 것처럼 당신이 살고자 하는 삶에 '집'을 짓고 영구적으로 머물 수 있도록 정착하는 것이다.

앞의 실험으로 예를 들면, '담배 없이 사는 삶'에 정착하여 삶을 사는 것이다. 정착민은 담배가 없는 환경으로 자신을 집어넣을 것이다. 반면에 자신이 세운 목표를 이루지 못했을 때 죄의식에 빠지는 사람은 자기 억제를 한 사람이다. 자기 통제를 하는 사람은 잠시 방황하더라도 마음이 잠시 나뉘었음을 깨닫고, 내가 생각하는 집에 거하기 위해 되돌아간다.

짜증과 불평도 어느 면에서는 실력이다. 아무나 못 한다. 계속 짜증을 내고 불평한 사람이 더 잘한다. 만약 당신이 그런 사람이라면 당장 그 집에서 나와라. 성공과 행복으로 가득한 집으로 이사하라. 그리고 그곳에 영원히 거하라.

형편에 맞추고 시세에 맞게 사는 것은, 순응하는 마인드를 가진 사람이라면 누구나 할 수 있다. 하지만 이를 거부하라. 당신이 원하는 곳에 살 수 있는 부를 어떻게 갖게 될지는 모르지만, 먼저 원하는 집을 그려보고 뇌에 내가 거기에 살고 있다고 말하라. 그럼 뇌는 어떻게든 당신이 그 집에 살 수 있는 방법을 고안할 것이다.

매일 자기 전에 당신이 살고 싶고, 오래 머물고 싶은 삶을 디자인하는 노력조차 하지 않는다면 미안하지만 당신은 가망이 없다. 길 가던 사람이 당신의 모든 상황과 마음을 헤아리고 먼저 다가와 당신에게 도움의 손길을 뻗은 적이 있는가? 결국 자기 자신을 도울 수 있는 사람은 자신뿐이라는 사실을 철저하게 깨달아야 한다.

만약 이 과정을 진행하는 도중에 불신, 불안, 부정적인 생각과 감정이 떠오른다면, 그만큼 당신이 잘되는데 발목을 잡고 있는 것들이 많음을 의미한다. 그럴 때는 시간과 강도를 늘려서 당신이 원하는 삶에 더 오래 머물라. 상상이 어렵다면 종이에 쓰는 걸 추천한다.

ULTRA BOX

당신이 영구적으로 머물고 싶은 곳, 당신의 삶이 어떻게 이루어졌으면 좋겠는지 적어보자. 한 가지 조언하자면, 멘탈 무비를 드웰 이론을 통해 접근하면 조금 더 쉽게 느껴질 것이다. 매일 잠자리에 들기 전에 미래의 거처, 소유물들을 가지는 상상을 하며 드웰링 하자.

울트라셀프 디자인 4
: 실패와 성공의 재정의

당신에게 실패란 무엇인가?

또한 성공이란 무엇인가?

"나는 경기 중에 9000번 이상의 슛을 실패했고, 300번 이상 패배했다. 중요한 경기에서 동료가 나를 믿고 패스해 준 공도 26번이나 놓쳤다. 나는 내 삶에서 실패를 계속 경험했다. 그랬기에 오늘 내가 성공한 것이다."

마이클 조던의 말이다.

성공한 사람들은 실패와 성공을 보통의 사람들처럼 이해하지 않는다. 성공하지 못한 사람들은 성공에만 집중하고 실패는 무시한다. 이를 성공 편향이라고 한다. 하지만 성공하는 사람들은 실패에서 성공의 단서와 실마리를 찾는다. 여기서 중요한 포인트는 실패와 성공을 다시 디자인할 때, 실패의 가치에 대해 깊게 생각하고 인식을 바꾸는 것이다.

'실패=역경'

실패가 안 좋은 것이라는 인식을 가진 사람에게는 "나에게 실패는 없을 거야"라는 메시지를 명상에 넣게 될 것이다. 그러다 예상과는 다르게 실패하게 되면 힘이 쭉 빠져 앞으로 나아갈 동기를 얻지 못한다. 하지만 실패가 없으면 성공도 없고 실패만큼 훌륭한 선생님도 없다.

더욱이 실패라는 결과를 개인의 패배라고 보아서는 안 된다. 자수성가의 아이콘으로 유명한 팀 페리스가 말한 성공 공식 중 하나는 바로 이것이다.

"남들과 경쟁하지 말라."

누군가를 이겨야 한다는 잘못된 프레임 때문에 '실패는 곧 패배'이며 패자는 물러나야 한다는 생각을 갖는다. 이런 생각의 끝은 결국 포기로 이어진다. 처음부터 가치 있는 일에 관심을 가지고 더 나은 세상을 위한 제품이나 서비스를 만드는 것에 집중하라. 그 과정에서 당신이 겪는 실패는 더 나은 버전의 제품과 서비스를 위한 자산이 된다.

인생은 새옹지마라는 표현을 깊이 생각하고 경험하고 이해한다면, 인간이 가져야 하는 태도는 항상 낙관적일 수밖에 없다는 사실을 깨닫게 될 것이다.

울트라셀프 디자인 5
: 가치관

성공을 원치 않는 사람은 없다. 그러나 진정한 성공이 무엇이냐고 물으면 대부분 모호하게 대답한다. 어떤 경우에는 감정적으로 표현하거나 너무나 주관적으로 말해 이해나 공감이 어려울 때도 있다. 이는 가치관이 정립되지 않아서다.

목표는 단순히 '이루는 것'뿐만 아니라 '담는 것'도 의미하고 있다. 그 목표를 왜 이루고 싶은지 당신의 무엇을 담아내고 싶은지 정해야 한다. 그래야 궁극의 목적인 자기실현을 이룰 수 있다.

심리학자들이 인간의 삶에서 의미 있다고 생각한 가치의 종류를 정리했다. 다음의 표를 보고 당신이 원하는 삶의 가치가 무엇인지 곰곰이 생각하라. 물론 당신이 더 중요하게 생각하는 가치가 있다면 추가해도 좋다.

성공은 단순하고 명료한 한 줄로부터 시작된다. 당신이 생각하는 가장 중요한 가치를 선별했다면 어떤 삶을 살고 싶은지 한 줄로 정리하라. 그리고 이를 삶의 지표로 삼고 실현하라.

| 인간 삶에서 얻을 수 있는 가치

성취	전념	주변 사람
일관성	용기	창의성
교육	효율성	즐기는 삶
열정	전문성	정직
독립	친절	충성
동기부여	낙관	긍정
실용주의	관계	책임
안정	자기 제어	에너지
전통	신뢰	평판

• 당신은 어떤 가치들을 중요하다고 생각하는가?

• 그 가치들은 왜 중요한가?

• 당신이 그리는 성공적인 삶은 어떤 가치를 지향하고 있는가?

• 왜 그렇게 생각하는가?

• 당신은 궁극적으로 어떤 삶을 살고 싶은가?

울트라셀프 디자인 6
: 초자신 7계명

성공한 사람들에게 공통적으로 발견되는 게 무엇일까? 그것은 바로 어떤 것을 이루기 전이나 후에 또는 그 과정에서 이미 '성공한 인간 상태'가 되었다는 사실이다. 이 말은 그간 통념적으로 생각해 왔던 '성공은 도달의 대상'이라는 개념을 완전히 뒤집는다. 성공에 도달하는 것이 중요한 게 아니라 성공할 상태가 되는 게 중요하다는 말이기 때문이다.

즉 이 책에서 계속 강조했던 부자들의 마인드와 사고방식을 체화하면 성공은 시간문제라는 말이 된다. 당신의 현재 상황은 그다지 중요하지 않다. 울트라셀프가 되는 순간, 즉시 바뀌는 인생이 시작된다.

울프라셀프 디자인 마지막 단계에 온 당신을 위해 좋은 선물을 하나 준비했다. 그것은 바로 초자신이 되어 성공에 도달하는 것을 도울 '초자신 7계명'이다. 인간은 누구나 울트라셀프 스위치를 가지고 있어 일상에서 몇 번씩 경험한다는 말을 기억할 것이다. 단지 그 스위치를 계속 켜놓는 방법을 모를 뿐이다. 초자신 7계명은 당신의 울트라셀프 스위치를 계속 켜진 상태로 유지하는 데 큰 힘이 될 것이다.

1. 내 안에 양심의 나침반(윤리와 도덕)

내 안에서 답을 찾는 법이다. 스스로에게 물으며 내 마음에서 허락하는지를 알아보는 것이다. 역사적으로 가장 오래된 방법이기도 하다.

이 방법은 나를 둘러싼 환경과 주변 분위기에 휩쓸리지 않고 싶을 때 쓰면 좋다. 항상 내 마음속 나침반에 귀를 기울이고 스스로에게 묻는 습관을 가져야 한다. 참고로 유대인들은 한 번 움직일 때 어떻게 해야 돈을 많이 벌수 있는지를 고민한다. 하지만 그들은 절대로 도덕적인 선을 넘지 않는 것을 철칙으로 삼는다.

2. 이타적 사고

사업과 관계에 적용했을 때 무적이다. 어떤 행동을 할때 내 이득만이 아니라 상대의 이득도 생각하는 사고법이다. 내가 인터뷰했던 사람 중, 스티브 잡스의 애플사에서 마케터로 일했던 가이 가와사키가 있다.

그는 자신의 인생 전략 중 하나가 상대방의 입장에서먼저 생각하는 것이라고 말했다. 그리고 줄 수 있을 때먼저 주되 돌려받을 것을 기대하지 않는다며 이것이 관계의 핵심 비결이라고 강조했다.

3. 신념

신념은 특정 마인드셋을 갖게 한다. 신념이라는 그릇에 마인드셋이 담긴다. 앞에서 이야기했지만 신념이 없는 인간은 없다. 다만, 맹신을 조심해야 한다.

4. 멘토

자꾸 방황하고 시간만 허비하는가? 그렇다면 당신보다 지식이 많은 스승을 찾으라. 멘토링이나 컨설팅은 나의 수준에 맞춰 다음 단계를 제시한다. 인지 과학에서는 멘토링을 통한 비전 제시 또는 피드백을 높게 평가한다. 최고 수준의 지식을 통달하지 않고는 어려운 일이기 때문이다.

5. 전념

인물과 원칙에 대해 깊이 깨닫고 그것에 전념하는 것이다. 위대하고 숭고한 삶의 진리를 아는 사람은 스승이 된다. 드웰 이론이 바로 여기에 해당한다. 맹신하지 말고 살아 있는 가치를 찾아 전념하라.

6. 모임

당신을 지지하고 도와주는 사람들과 모임을 가지라. 모든 인간은 소속감에 대한 욕구가 있다.

가족은 당신이 크게 노력하지 않아도 저절로 소속감

을 준다. 하지만 혈연을 바탕으로 하는 가족은 생물학적 한계에 부딪히기 쉽다. 이 말은 아무리 피를 나눈 가족이어도 가족이 나를 보는 시선은 '유전자와 가족력'을 벗어나지 못한다는 뜻이다. 만약 위대한 가문의 사람이라면 모두를 위대하게 바라보겠지만 그렇지 않다면 남보다도 못한 존재가 될 수도 있다.

숭고한 정신으로 성공 마인드와 가르침을 믿고 따르는 사람들과 관계를 맺으라. 모임을 찾고 적극적으로 참석하라.

7. 깨달은 사람

단순히 자기계발 수준을 뛰어넘는 것을 말한다. 지금은 그야말로 자기계발 과잉 시대다. 여기서 자기계발의 문제가 생긴다. 자기가 없는 무분별한 계발은 새로운 능력만 추가한 피상적 인간을 만든다. 진리를 깨달아야 한다. 한두 번 깨우침을 경험하는 것도 중요하다. 하지만 깨우침을 유지하는 사람이 되는 일이 더 중요하다.

ULTRA BOX

초자신 7계명 실전 적용법

당신은 누구를 위해 초자신이 되어야 하는가?
예) 자기 자신, 사랑하는 사람, 불특정 다수, 어려운 사람, 모든 인간 등

위 내용을 바탕으로 초자신이 된 당신이 어떤 매뉴얼을 기반으로 천재성을 드러내고 싶은지 적어보자.

울트라셀프 스크립팅

글쓰기의 중요성에 대해 이야기하는 사람들이 많다. 하지만 글쓰기에 명상 효과가 있다는 사실을 말하는 사람은 많지 않다.

'글쓰기는 명상의 연장선이다.'

게으름을 쫓아내고 싶다면 종이에 적으라.

자신의 모습을 찾고 싶다면 종이에 적으라.

어려운 문제를 해결하고 싶다면 종이에 적으라.

새로운 아이디어가 필요하다면 종이에 적으라.

나쁜 습관을 버리고 싶다면 종이에 적으라.

성공한 부자가 되고 싶다면 종이에 적으라.

인생에서 원하는 것이 무엇이든지 종이에 적으라.

기록은 온전히 나를 위한 시간이다. 생각을 모으고 정립하는 순간이며 수많은 생각을 한곳에 집중시킨다. 그래서 글쓰기도 명상이 된다.

인생의 새 챕터를 계속 기록하라. 이왕이면 집중력에 도움이 되도록 글쓰기 장소를 바꿔줘도 좋다. 이것도 환경을 설정하는 일이다.

▮15분 기록 루틴

타이머를 15분으로 정한 후,

다음 질문에 원하는 걸 모두 답하라.

구체적일수록 좋다.

- 어떤 성격의 사람이 되고 싶은가?

- 무엇을 소유하고 싶은가?

- 자신의 감정을 어떻게 느끼고 싶은가?

- 어떤 멘토를 만나고 싶은가?

- 무엇을 배우고 싶은가?

- 어디에서 배우고 싶은가?

- 어떤 언어를 배우고 싶은가?

- 1년에 몇 권의 책을 읽고 싶은가?

- 어떤 책을 마스터하고 싶은가?

- 어떤 환경에 있고 싶은가?

- 어느 나라에 가고 싶은가?

- 인생에서 무엇을 만들고 싶은가?

| 아침 기록 루틴

- '○○아, 넌 잘될 수밖에 없다!' 매일 보는 거울에 붙이라.

- 매일 원하는 꿈을 새로 쓰라. 끊임없이 되새기는 꿈

만 이루어진다.

▍실행력을 높여주는 메모 기술

- 원하는 것을 기록하라.

- 원하는 것을 구체적으로 적으라.

- 네 가지 요소를 고려하라. 일, 가족, 건강, 봉사.

- 반드시 우선순위를 정하라.

- 목표를 매일 들여다보라.

초자신이 어려운 케이스

    울트라셀프의 핵심은 감정이다. 이미 원하는 능력과 소유물을 가진 사람이 되었다고 느껴야 한다. 여기서 문제는 정서장애가 있는 사람에게 한 번도 경험해 보지 못한 감정을 상상하거나 명상하라고 했을 때 생겨난다.

    명상은 내 안에 숨겨진 진짜 나에 더욱 익숙해지는 일이다. 그럼 여기서 '나'는 누구인지 알아야 한다. 명상할 때 알게 되는 나의 모습 또는 듣게 되는 내면의 목소리는 사실, 내 안에 프로그래밍이 된 것이다.

사랑과 관심이 무엇인지 한 번도 느껴보지 못한 사람이 이를 명상으로 알기란 쉽지 않다. 부모의 사랑을 받지 못한 아이가 그렇다. 어릴 적 불안전한 감정 상태의 부모에게 노출된 사람들은, 자신을 온전히 드러내는 걸 어려워하는 경우가 있다. 이 사람들은 종종 텅 빈 느낌을 받곤 하는데 진짜 자기 모습을 꺼내어 살아본 적이 없어서다. 이 사람들은 진실성이 결여되었을 확률이 높다. 이런 상황이 빚어지는 이유는 부모의 사랑을 받지 못할 것이라는 두려운 감정이 앞서기 때문이다.

예를 들어 꿈을 꾸었는데 관을 목격했다고 치자. 그 관 안에 자신이 사랑하는 부모가 있을 것 같아 두려워한다. 그런데 막상 관 뚜껑을 열어 보니 자기 자신이 누워 있었다. 이 일을 겪은 아이는 정서가 불안한 엄마에게 자기감정을 표현하지 못한다. 아이에게 부모의 사랑을 받지 못하는 상황은 죽는 것과 같기에 아이는 '화'와 같은 감정을 분출하지 못하는 것이다.

이렇게 감정을 표현했을 때 누군가 받아주는 경험을

하지 못한 아이는 건강한 자아를 가질 수 없어 불안정해진다. 무의식적으로 부모와의 관계를 더 중요시하는 아이는 감정을 억누르게 되는데 이는 자아를 죽이는 일과 같다.

이런 아이들은 자신의 감정을 솔직하게 들여다보는 연습을 하지 못해 성인이 되어서도 어려움을 겪는다. 자기의 감정이 어떠한지 좋은 감정과 나쁜 감정을 어떻게 조정해야 하는지를 모른다. 특히 감정의 시행착오를 겪어보지 않아 타인의 감정을 이해하는 데도 어려움을 겪는다.

한마디로 '자기 자신과 거리가 너무 먼 상태'라고 할 수 있다. 이런 상태에서는 울트라셀프 모드에 진입하는 게 힘들다. 진짜 자신과의 소통이 어려워 내면의 감옥에 갇힌 자신을 구원할 여력이 부족하다.

해결책은 단 하나다. 스스로 깨고 나와야 한다. 집 나간 탕자가 다시 돌아오는 개념이 아니라, 한 번도 존재하지 않았던 집을 만들어야 한다.

부모로부터 받은 정서적 학대에 대해 슬퍼하고 화를 낼 수 있는 수준에 이를 때까지 자기 자신을 찾는 노력을 계속해야 한다.

　내 안에 화라는 감정이 올라온다면 건강한 자신을 건설하기 시작했다는 신호로 받아들여도 좋다. 정서장애가 있어 초자신이 되기 어려운 사람들은 독서, 음악 감상, 명상, 조용한 장소에서의 호흡을 평생 동안 이어가야 한다.

"최고의 삶을 만드는 울트라셀프!"

내 인생의 최고 버전이 되는 울트라셀프는 평생에 걸쳐 꾸준히 내디뎌야 하는 즐거운 발걸음이다. 기존에 있던 부정적 감정과 생각을 컨트롤하고, 앞으로의 삶을 미리 그릴 줄 아는 수준에 도달하라. 그러면 당신은 누군가와 나누고 싶은 일화가 많은 사람이 되어 있을 것이다.

이 수준에 도달하면 다음 단계는 울트라셀프를 다른 사람에게 전하고 그들의 삶에 적용할 수 있도록 돕는 것이다. '배움의 완성은 가르침'이라는 말을 꼭 기억해야 한다.

울트라셀프를 실천하는 사람들과 모임을 만들기를 추천한다. 다른 사람에게 울트라셀프를 전파하는 과정에서 자신을 더 깊게 알게 되는 다른 차원의 배움을 얻게 된다. 능동적으로 질문하고 답하는 기회를 더 많이 접하기 때문이다.

다만 주의해야 할 사항이 있다. 가르치기를 좋아하는 성향 탓에 준비되지 않은 울트라셀프로 남 앞에 서는 것은 아닌지 자신을 늘 돌아봐야 한다. 울트라셀프 모임에서 중요한 것은 '가르치는 능력'이 아니라, 머릿속에 멘탈 도화지를 띄워 원하는 그림을 그린 후 현실의 문제를 해결할 수 있는 '멘탈 능력'이라는 사실도 잊어선 안된다.

유명 정신과 전문의가 말하는 치유와 관련된 네 가지 요소가 있다.

첫째, 언어는 변화를 일으킨다.

둘째, 사람은 서로 치유할 수도 상처를 줄 수도 있다.

셋째, 호흡, 움직임, 터칭을 통해 몸을 통제할 수 있다.

넷째, 타인을 도와 그 사람의 사회적 조건을 바꿀 수 있다.

타인에게 도움을 주는 사람이 되거나 상냥한 말을 하라는 것은 도덕성을 강조하는 게 아니라 치료 효과를 불러일으키기 위함이다. 울트라셀프 모드가 된 당신은 올바른 언어, 마음 가짐, 태도, 명상을 통해 타인에게 힐링 효과를 선물할 수 있다.

우리는 눈에 보이고 손에 잡히는 것만이 진리라고 믿는 유물론적 사고에 익숙하다. 힘들 때 보상을 원하거나 기분이 좋아지려고 물건을 사는 것처럼 말이다. 하지만 물건을 소유함으로써 얻는 즐거움은 오래가지 않는다. 가장 오래 지속되는 기쁨은 내 삶에 주어진 삶의 임무를 완수했을 때 찾아온다. 고로 각자의 주어진 능력과 재능에 따라 분야별로 더 나은 세상을 만드는 데 기여하는 사람이 되어야 한다. 그것이 바로 울트라셀프 정신이다.

자칫 이 말은 성공한 후 기부할 수 있는 사람, 선한 영향력을 끼치는 '기버Giver'가 되어야 한다는 말처럼 들릴 수 있다. 정확히 이야기하면 우리는 '기버'이면서 '리시버Receiver'이기도 하다.

오늘의 내가 있기까지 누군가의 희생과 나눔이 있었다는 사실을 부정하기 어렵다. 내 능력을 발휘하여 더 나은 제품이나 서비스를 제공할 때도, 이 능력을 갖는 데까지 누군가의 도움이 있었다. 엘리트층의 사람들은 자신들의 노력만으로 그 자리에 올랐다고 생각하는 능력주의의 함정에 빠지기도 한다.

내가 만난 성공한 사람들은 자신이 무엇을 받았는지 무엇을 주어야 하는지에 대한 이해가 높았다. 그리고 그들의 '주고받음'은 각자의 분야에서 영향력이 되었다. 특히 생각을 통해 자신과 세상을 변화시킬 수 있다고 강하게 믿었다.

울트라셀프는 인간 본질의 힘이자
깨닫는 즉시 인생을 변화시키는 기폭제다.

이를 통해 자신과 타인의 잠재력을

최대한으로 끌어내어

도약하는 인생이 되길 기원한다.

울트라셀프

나를 뛰어넘어 스스로
마음의 감옥에서 탈출하는 법

초판 1쇄 인쇄 2023년 3월 22일
초판 1쇄 발행 2023년 3월 29일

지은이 이리앨
펴낸이 김선식

경영총괄 김은영
콘텐츠사업2본부장 박현미
책임편집 이영진 **디자인** 마가림 **책임마케터** 박태준
콘텐츠사업5팀장 차혜린 **콘텐츠사업5팀** 마가림, 김현아, 이영진, 최현지
편집관리팀 조세현, 백설희 **저작권팀** 한승빈, 이슬
마케팅본부장 권장규 **마케팅4팀** 박태준, 문서희
미디어홍보본부장 정명찬 **디자인파트** 김은지, 이소영 **유튜브파트** 송현석, 박장미
브랜드관리팀 안지혜, 오수미 **크리에이티브팀** 임유나, 박지수, 김화정, 변승주 **뉴미디어팀** 김민정, 홍수경, 서가을, 이지은
재무관리팀 하미선, 윤이경, 김재경, 안혜선, 이보람
인사총무팀 강미숙, 김혜진, 지석배, 박예찬, 황종원
제작관리팀 이소현, 최완규, 이지우, 김소영, 김진경, 양지환
물류관리팀 김형기, 김선진, 한유현, 전태환, 전태연, 양문현, 최창우

펴낸곳 다산북스 **출판등록** 2005년 12월 23일 제313-2005-00277호
주소 경기도 파주시 회동길 490 다산북스 파주사옥
전화 02-704-1724 **팩스** 02-703-2219 **이메일** dasanbooks@dasanbooks.com
홈페이지 www.dasan.group **블로그** blog.naver.com/dasan_books
종이 신승지류유통 **인쇄** 민언프린텍 **제본** 다온바인텍 **코팅·후가공** 평창피엔지

ISBN 979-11-306-5555-0 (03190)

다산북스(DASANBOOKS)는 독자 여러분의 책에 관한 아이디어와 원고 투고를 기쁜 마음으로 기다리고 있습니다.
책 출간을 원하는 아이디어가 있으신 분은 다산북스 홈페이지 '투고원고'란으로 간단한 개요와 취지, 연락처 등을
보내주세요. 머뭇거리지 말고 문을 두드리세요.